给走向社会的孩子的**13**堂课

王大伟 著

北京大学出版社
PEKING UNIVERSITY PRESS

图书在版编目（CIP）数据

《水浒》人生手册：给走向社会的孩子的13堂课/王大伟著. —北京：北京大学出版社，2010.7

ISBN 978-7-301-17297-1

Ⅰ. 水… Ⅱ. 王… Ⅲ. 法制教育-中国-青少年读物 Ⅳ. D920.5

中国版本图书馆CIP数据核字（2010）第101545号

书　　　名：《水浒》人生手册——给走向社会的孩子的13堂课
著作责任者：王大伟　著
责 任 编 辑：李淼淼
标 准 书 号：ISBN 978-7-301-17297-1/C·0596
出 版 发 行：北京大学出版社
地　　　址：北京市海淀区成府路205号　100871
网　　　址：http://www.pup.cn
电　　　话：邮购部 62752015　　发行部 62750672
　　　　　　编辑部 82893506　　出版部 62754962
电 子 邮 箱：tbcbooks@vip.163.com
印 刷 者：北京嘉业印刷厂
经 销 者：新华书店
　　　　　　787毫米×1092毫米　16开本　12.75印张　145千字
　　　　　　2010年8月第1版第2次印刷
定　　　价：29.00元

未经许可，不得以任何方式复制或抄袭本书之部分或全部内容。
版权所有，侵权必究
举报电话：010-62752024　电子邮箱：fd@pup.pku.edu.cn

目录

总序 /1
前言 /3

第一课　把握自己忍让的底线
——林冲祸起五岳楼

防狼诀窍——"四喊三不喊" /3
为什么好人总被欺负？ /5
人的一生至少会遇到三次犯罪侵害 /7
认清形形色色的人 /9

第二课　远离人生的种种陷阱
——林冲白虎堂遇伏

认清骗子的三张牌 /19
不要堵死坏人所有的出路 /21
慎防"知心话"，学会识人术 /24
如何破解骗局？ /27
危险预测是自我保护的第一步 /28
谨慎处事，远离灾祸 /29

第三课　不要屈服于暴虐
——林冲觉醒山神庙

人生的两个防范模式 /35

不要向犯罪分子低头 /38

丢弃羊的反抗，学会狼的反抗 /41

如何识破伪造的现场？ /43

第四课　示弱也是取胜的一种手段
——林冲棒打洪教头

对付强敌的4个诀窍 /47

对付恐怖主义要以退为进 /50

坚决不放弃斗争目标 /51

品味说话的艺术 /53

第五课　女孩的防狼秘诀
——潘金莲红杏出墙

别让犯罪分子第一时间"看上你" /58

男女独处一室，不要超过30分钟 /60

如何防止职场性骚扰？ /64

遇到色狼怎么办？ /66

第六课　维权需要谋定而后动
——武大郎惨死

如何应对突发灾祸？　/73

远离犯罪侵害的5个要诀　/74

弱者维权的两个注意事项　/79

第七课　冲动是魔鬼，遇事要冷静
——武松为兄报仇

梦境与现实——潜意识里的犯罪　/85

被压抑的"本我"——如何防止青少年犯罪？　/86

保留能识别身份的证据　/90

什么才是真正的英雄？　/94

第八课　不要让欲望控制你
——阎婆惜的个人悲剧

一生不犯错误的秘密：远离"酒色财气烟"　/101

婚恋纠纷是杀人动机的第一位　/104

不让犯罪侵害有发生的机会　/109

谨记家中"三不放"　/110

应对贼进门的10种技能　/112

遇到敲诈勒索怎么办？　/116

第九课 提高警惕，防范侵害
——武松智斗孙二娘

糟糕的环境是犯罪滋生的温床 /124

痴心胜过蒙汗药 /126

药物多风险，用药须谨慎 /127

硬拼不是好方法，斗智斗勇是诀窍 /130

平安成长比成功更重要——儿童10大宣言 /131

新时代的"贼经" /135

第十课 助人也要有技巧
——鲁智深英雄救美

见义勇为 VS 见义巧为 /142

走近谈判专家 /146

掌握劝人的技巧 /148

第十一课 小心形形色色的骗子
——李逵遭遇李鬼

善待行乞的人 /155

火车上的防身技能 /158

千奇百怪的骗术 /160

第十二课 找准你的生门和死穴
——黑旋风大战浪里白条

扬长避短,越走越宽 /166

正确看待生门和死穴 /169

以平常心面对胜败 /170

第十三课 平安的人生需要做好预案
——宋公明三打祝家庄

相互防护的邻里守望制度 /175

风水不完全是迷信 /175

认清犯罪高发的时间和地点 /179

如何做好安全预案? /181

人生百战百胜的秘诀 /185

总序

《名家论坛》是山东教育电视台 2002 年推出的大型教育培训栏目,开播以来,先后有几十位国内外的学界精英登台演讲,他们渊博的学识、独到的眼光、睿智的见解、敏锐的思维、深入浅出的表达形式、引人深思的深厚学理、催人奋进的人生智慧,使《名家论坛》成为思想者的殿堂、管理者的精神家园,赢得了广大观众的欢迎和好评。

追求精品,打造品牌栏目,一直是我们努力的目标,《名家论坛》能为广大的观众提供各领域的前沿理论、先进经验,这是我们媒体的责任,也是我们的荣幸。

回首《名家论坛》数年来的风雨历程,期间的坚持与努力、执著与求索,是一件很不容易的事情,没有相当的信心和定力,没有各方面的支持,是断难坚持下来的。而今天得到广大观众的认可,而且青睐有加,要求将专家的讲稿结集出版,是我们推出《名家论坛》系列丛书的缘由所在,可以说这是意外的收获,也是我们当初所不敢奢望的。

电视有媒体的魅力,出版有书籍的芬芳。满足观众不同的需求,就是我们的动力和责任。也希望大家在观看我们栏目的同时,多读书,读好书。

最后,借此小序,请允许我代表山东教育电视台的同

仁,向一直以来关心和支持我们的电视观众、读者朋友表示感谢,同时感谢我们《名家论坛》的各位专家学者,感谢我们的合作伙伴北京大学出版社博雅光华公司、北京时代光华图书有限公司。

山东教育电视台台长

前言

我的儿子在日本念书,这两天突然回家了。他说他独自一人在日本感到很孤独,生病了没人照顾,遇到麻烦事也不会很好地处理。

现在的80后、90后,独生子女居多,社会经验不足。所以,不管是进入校园的大学生,还是走上社会的打工仔,在孩子离开温暖的家庭之前,当爹当妈的都得给他们讲一讲怎样为人处事,怎样自我保护。

《水浒传》(以下简称《水浒》)是中国四大古典名著之一,我认为这是一本很好的书。家长可以在让孩子看《水浒》的时候,在给孩子讲《水浒》故事的时候,给他讲讲为人处事的道理,让他学会自我保护。这也是本书的目的——通过讲《水浒》中的故事,送给走向社会的孩子一些忠告:

◇ 林冲欲静,而高衙内不止。专业人士切不可太善良。
◇ 骗子只有三张牌:馅饼牌、亲情牌、震撼牌。
◇ 70%的侵害为朋友所为。
◇ 人性绝不许被暴虐所驯养。丢弃羊的反抗,学会狼的反抗!

◇ 对付强敌要做到：敌进我退，敌驻我扰，敌疲我打，敌退我追。
◇ 事可做绝，话不可说绝。
◇ 遇到大事时，睡一觉，过一天，再找亲人谈一谈。
◇ 男女独处一室，不要超过30分钟。
◇ 远离"酒、色、财、气、烟"这5个字。
◇ 家中不可放刀。
◇ 见义巧为。
◇ 认清自己的生门与死穴。
◇ "三个人生"：情报导向人生、预案先行人生、逐步评估人生。

这是我给儿子的忠告。这些忠告是教孩子怎么样进行自我保护的。比如说，女孩的家长一定要告诉孩子："男女独处一室，不要超过30分钟。"再比如，男孩出门办事，家长一定要叮嘱他："事可以做绝，话不能说绝。"有的男孩性格比较冲动，如果家长担心他在外面有可能会为了一些小事和别人打起来，甚至拔刀相向，就一定要告诉他一句话："睡一觉，过一天，再找亲人谈一谈。"

现在的80后、90后都是好孩子，但是他们非常缺乏社会经验，所以我们当家长的一定要把这些为人处事的道理、自我保护的方法教给他们。

这本书的名字叫《〈水浒〉人生手册》，为什么叫《〈水浒〉人生手册》呢？就是想通过《水浒》里一些大家耳熟能详的故事，告诉孩子们遇到事情应该怎么做，怎么学得精一点。

有的人会说："王大伟你是个警察，你是公安大学的老师，评《水浒》轮得上你吗？你不好好做学问，在这评什么《水浒》啊！"

我在英国念的是警察学，我的导师是英国警察局的局长，叫约翰·安德逊，他有一句名言："警察不仅仅要打击邪恶，还要弘扬社会正气；警察不光是一个破案的007式的人物，还应当是社会工作者。"

过去选警察有三个标准：高、黑、靓。当警察的，一要长得高；二要肤色黑，黑代表健康；三要长得漂亮。"007"詹姆斯·邦德就是这样的警察，又高又黑又靓，会擒拿、格斗、驾驶，遇事不慌、办事果断。

可是现在的警察不完全是这样的，现在我们要的是什么样的警察呢？是能够教育老百姓、能够帮老百姓做好事、能够给小孩们送玩具、能够教孩子们怎么好好上学、能够教孩子们过马路别让车碰着的警察，这才是好警察。

所以，认为警察没有资格说《水浒》的人，他的思想是有误区的。在当今这个社会，我们每一个警察都应该既是打击犯罪的战士，又是社会工作者才对。

在英国的时候我就看到，在街上巡逻的警察，他们身上穿着警察的制服，手里却拿着好多小玩具，一看到小男孩小女孩，就摸摸小孩的脑袋，给他一个小玩具，玩具后面有一条白色的缎带，上面写着："Say no to strangers."翻译成中文就是："不要和陌生人说话。"还有"放学早回家"、"背心裤衩覆盖的地方不许别人摸"，等等，这些都是我从英国学来的。

英国警察不仅要打击犯罪，还负责对群众的组织、宣传工作，负责社区警务工作。他们工作的核心是：老百姓怎么满意，我就怎么干。这才是最好的社区警务。

英国好多孩子都吸毒，吸毒有一种方法是静脉注射海洛因，这种方法很危险，因为这个人注射毒品后拔出的针头带着血，又给另一个人扎上，这样就容易交叉感染，让人得上艾滋病。我念书的地方叫普利茅斯，有一年死了6个孩子，就是因为共用针管得了病。

所以，英国的社区警务就开展一项"更换针头运动"，警察在街上巡逻，一看到吸毒的孩子，就拿出一个小铁饭盒，盒子里边装着新的针头，然后对这些孩子说："过来过来，以旧换新。"他们把吸毒的孩子用过的旧针头回收起来，回去洗干净了放在锅里煮，消毒完毕放回盒子里，第二天再去以旧换新。这第二次以旧换新的时候，还会附赠一本小册子——《怎样正确吸毒》。看，这些警察是多么的用心良苦！

所以，我认为，现在我们国家的警察应该转变思想，不仅仅要打击犯罪，更多的还要去服务群众、组织群众、宣传群众，做好社区警务工作，让我们的每一个孩子都健康安全地成长。而这就是我评《水浒》的意义。

我是公安大学的老师，我到医院去看病，医生问我是做什么的，我说我是当老师的，他再问我是教什么的，我说我教警察学，他说："你那玩意儿能有啥学问呢？"我还教英语，于是从那以后，我再到医院看病，便说我是教英语的，医生就说我学问大。现在这个社会，大家都以为教英语的学问大，都认为警察学没有什么学问。其实，警察学也是一门不简单的学问。

美国人曾经做过一个实验，以此来研究巡逻对抑制犯罪的作用，叫"堪萨斯实验"：他们将美国的堪萨斯城划分为A、B、C三个区，A区不安排巡逻，B区安排5辆巡逻车，C区安排15辆巡逻车。也就是说，让三个区分别处于零巡逻、正常巡逻、加大三倍巡逻的情况，看看哪个区的犯罪率会下降。

一般人都会说，有15辆巡逻车的那个区的犯罪率会下降。如果你也这么认为，那你就不懂警察学。

美国人实验了一年，得出了一个令人感到悲哀的结论：三个区的犯罪率大致一样。这就是警察学，是一门科学。我不知道美国人的这门科学在中国管不管用，但是，如果我告诉你什么是警察学；什么是犯罪学，比如大兴灭门案；还有什么是被害人学，比如说如果你遇到犯罪侵害，你应该怎么办，这些都对你是有帮助的。

在这本书中，我从警察学、犯罪学、被害人学以及心理学的角度来讲解《水浒》中的一些经典故事，所引用的一些案例大家可能都没听说过。我就想通过这些案例，给即将走上社会的孩子们一些忠告，以确保他们将来在社会上一生平安。

第一课

把握自己忍让的底线
——林冲祸起五岳楼

孤独豹子名林冲，
天生帅哥武艺精，
见了毒蛇手发软，
五岳楼中埋祸根。

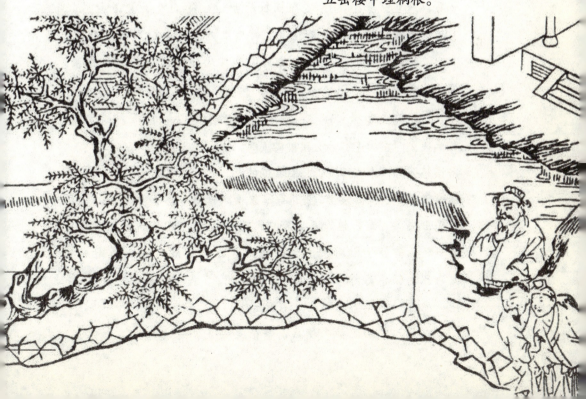

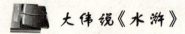

林冲面对五岳楼

林冲的娘子叫张氏,长得很漂亮。有一天,她领着自己的使唤丫头锦儿到五岳楼的庙里去烧香,这时候,林冲和鲁智深正在另外一个地方喝酒。两个人正喝着,突然锦儿气喘吁吁地跑过来说:"先生,您可别坐在这儿了,咱们家的娘子在五岳楼的庙里头和人家吵起来了。"

林冲连忙问道:"在哪儿?你赶紧领我去!"然后又对鲁智深说:"大哥,对不起了,我得赶紧去看看我媳妇。"

林冲告别了鲁智深,跟着锦儿直径庙那边跑,到了五岳楼一看,只见好多小流氓站在栏杆的旁边,他们有的拿着弹弓,有的拿着吹筒,有的拿着粘竿。楼梯上站着一个胖胖的年轻少爷,他把林冲的娘子拦住,皮笑肉不笑地对她说:"你不要害怕,不要着急,你跟我上楼,我们俩说说话。"林冲的娘子一听到这里,脸色刷地就红了,说:"光天化日之下,你怎么能当众调戏良家妇女呢?"

林冲一看自己的娘子被别人调戏了,气不打一处来,上去就用擒敌拳,一下子把那个年轻少爷的手撸过来,接着一拳就打了出去。可是,这一拳在空中划了个弧线,眼看就要打下去,却一下子停住了。原来这个时候,林冲认出来对方是高衙内,是自己的领导高太尉的干儿子。林冲想:"我这一拳哪能打呀。"所以他就一下子停在那儿,不敢动了。

高衙内不知道自己调戏的这位美女正是林冲的娘子,他见林冲坏了自己的好事,不高兴地说:"林冲,你在这儿干什么?真是多管闲事!"林冲呆立在那儿,也不说话。旁边就有人说了:"哎呀,林教头,多有得罪,高衙内不认识你的娘子。没事儿,没事儿,大家散了吧。"

林冲怒气还没消,可又不敢动手,就眼睁睁地看着一群小流氓拥着高衙内走了。于是,他也带着自己的娘子准备走了,却看见鲁智深领着一帮小哥们儿来了。

林冲上前就问:"大哥,你怎么来了?"鲁智深回答道:"我带了一帮兄弟来帮你的忙。"林冲说:"哦,一场误会,那是高太尉的干儿子高衙内,他不认识我的娘子。我刚才也想打他,只是怕高太尉脸上不好看,俗话说:'不怕官,只怕管',算了算了,就让他这一次吧。"鲁智深说:"你怕他高太尉,我可不怕,我们人多势众,要让我遇到那小子,我一定要让他吃我三百禅杖!"林冲又劝了他几句,大家就都散了。

防狼诀窍——"四喊三不喊"

林冲的娘子很漂亮,小流氓一见到她就围上来了,在现实生活中,很多女孩也会遇到类似的情况。那么,如果你走在街上,有小流氓围着你,非要和你说点什么,你怎么办呢?又或者,如果你在坐公车的时候,遇到想占你便宜的色狼,你又该怎么办?

我总结了一个防狼诀窍,叫"四喊三不喊"。

"四喊"

男友在旁高声喊,
三两女友高声喊,

白天高峰高声喊，

旁有军警高声喊。

路见不平一声吼，

该出手时就出手。

"男友在旁高声喊"，男朋友在的时候，你一定要使劲喊，要让你男朋友知道。坏人看到有男朋友保护你的时候，他就不敢轻举妄动了。

"三两女友高声喊"，女孩一定要记住，有女友在旁边的时候要喊。比如三四个女孩在一块逛街，小流氓要调戏你，要跟你说点什么，你们就一起上去对付他，只要大家一条心，再厉害的色狼都不怕，这就叫"猛虎难敌群狼"。

"白天高峰高声喊"，白天的时候、高峰的时候要喊。白天的时候人多，人间处处有正气，在这个时候你一定要喊。

"旁有军警高声喊"，我是公安大学的老师，我这样教育我的学生："如果你在公共场合看到不法分子猥亵或性侵害女同志，一般人可管可不管，但是作为警察，作为军人，你必须挺身而出。如果你没有这样做，你就对不起这身警服，对不起这身军装。"所以，在你遇到侵害时，如果你的旁边有解放军或警察，你就放心大胆地喊，一点问题都没有。

"路见不平一声吼，该出手时就出手。"在上面所说的4种情况下，你打他一个耳光："臭流氓！"就能成功保护自己。

"三不喊"

那么，是不是遇到坏人，我们都可以高声呼救，打他耳光呢？也不是，除了"四喊"，还有一个"三不喊"，或者叫"三慎喊"：

天黑人少慎高喊，

孤独无助慎高喊，

直觉危险慎高喊，

斗智斗勇智为先。

"天黑人少慎高喊，孤独无助慎高喊。"如果周围没什么人，天又黑，你高声呼喊容易引起犯罪分子激情伤人、激情杀人，所以，在这种情况下，千万不能乱喊。

"直觉危险慎高喊，斗智斗勇智为先。"女孩都有直觉，如果你看到对方是个大块头，手臂上还纹了一条龙，这时候你的直觉会告诉你，倘若他要来占你点便宜，你再高声喊，那会对你非常不利。所以，在这种情况下，你千万别喊，得赶快下车，这就叫"斗智斗勇智为先"。

所以，喊和不喊有一个判断标准，就是以不伤害女孩子的身体为根本标准。

大伟忠告

要分清情况，学会"四喊三不喊"。

为什么好人总被欺负？

林冲抓住了调戏自己娘子的流氓，一拳都要打下去了，一看对方是领导的儿子，硬生生地收回了拳头，这体现了他性格上的懦弱。

我认为，如果遇到林冲这种情况，一般可以用下面这几招：

◇ 报警，打110。

◇ 武力报复，当场就把他打一顿。

◇ 把自己的朋友都叫来。像林冲，他有很多朋友，包括鲁智深，他可以把他们都召来。

◇ 忍了。对方是自己领导的干儿子，这种事情我惹不起他，只能忍了。

这么看来，林冲其实有4种选择，可他这一步还是没有做对，最终导致家破人亡。

林冲是80万禁军总教头，相当于现在国防大学的教授，他头上扎着青头巾，脑后戴着白玉环，身上穿着绿战袍，是一个典型的英雄形象。从《水浒》里的描述就可以看出，林冲不仅长得英俊，武艺也非常高强，论相貌，论武艺，林冲都是一等一的人，可是他却处处窝囊，处处遇危机，这是为什么呢？他的娘子是一个非常贤惠美丽的少妇，性格也很好，可就这样的两个好人，却因为在五岳楼的一场纠纷，由此遇到人生最大的灾难，从而一步一步走向了家破人亡，这又是为什么呢？

有这么一句话："如果人能够知道自己哪一步走错了，那么每个人都是圣人。"现实的情况就是，我们在生活中经常走错一步，可是我们自己却不知道。林冲也是这样，他有一句名言："不怕官，只怕管。"林冲是个非常老实的人，不管对方是多大的官，他都不怕，但如果对方是他的顶头上司，他绝对不敢惹。这种想法实际上是很有道理的，但林冲就在这个想法上出了问题。

在《水浒》的故事里，林冲和鲁智深两人的性格形成了鲜明的对比，鲁智深领着一帮兄弟要去找高衙内算账，林冲却因为高衙内是高太尉的干儿子，硬是拦住了鲁智深，把这口气忍下了。"不怕官，只怕管。"这正是林冲犯下的错误，所谓"一步错，步步错"，这也成了他人生错误的开始。

由此我想到经常会有人问到的一个问题："这一生，我是个好人，是不是就不会犯错误？我是个好人，别人是不是就不会欺负我了呢？"对于这样的问题，我给出的答案是否定的。

对于现实生活中像林冲这样的好人，你还一定要想一想这个问题：为什么好人总是被欺负？我认为，好人总被人欺负，原因有这么几个：

◇ 好人重专业和工作；小人重拍马屁和施诡计。好人斗不过小人。

◇ 好人做了一件事，总是反思自己的错误，总是想"我错在哪儿"；小人想的却是"你错在哪儿"，总想别人的坏处。

◇ 好人总想风平浪静；小人总想兴风作浪。

◇ 好人总想"我让一让吧"、"我后退一步吧，我退了一步，你是不是也就别再往前进了"，希望以自己的忍让换取小人的止步；小人却想"只要你退步，我就要往前进一步"。

◇ 好人是生活在理想中的，林冲也好，林冲的娘子也好，都是生活在真善美的理想之中的；而高俅、高衙内这些人，他们是生活在现实中，生活在罪恶之中的。

所以，大家不要以为，我是好人，我这辈子就不会受人欺负了。

大伟忠告

孩子生下来都是天使，在妈妈的怀抱中听到的都是鲜花与小白兔的故事。但是，当孩子走上社会时，都会在心中怀有疑问："为什么妈妈不告诉我世上还有大灰狼？"

人的一生至少会遇到三次犯罪侵害

现在的孩子跟解放前的小孩不一样，他们躺在妈妈温暖的怀抱

中，听的都是鲜花、小白兔的故事，从来没听谁给他讲过大灰狼的故事。所以，当他们走上社会之后，就会在心里产生一个困惑："为什么妈妈当时不告诉我这个社会上还有大灰狼呢？"

西方犯罪学有一个观点：每个人一生至少要被犯罪侵害三次。比如我，我是警察，今年53岁了，可我至今也一共遭受了几十次犯罪侵害！

所以，大家一定要记住，人的一生难免遇到七灾八难，三次犯罪侵害，两次是被偷，一次可能是杀身之祸。每个人都一样，至少会遇到三次犯罪侵害，此外，还有地震、水灾、火灾什么的，加在一起就是七灾八难。

这个观点就告诉我们，平时一定要有自我保护的意识，要做好自我保护的防范预案，只有这样，才不会在遇到危险的时候束手无策，不知道该如何保护自己。

中国古代有一本叫《朱子治家格言》的书，书中有一句名言："宜未雨而绸缪，毋临渴而掘井。"意思就是，做什么事情都要有预案，没下雨的时候就要先准备好雨伞，不要等下雨的时候没有雨伞用，说的也是同样的道理。

我每次出去讲课，教女孩子防范色狼，教男孩子防小偷的时候，很多妈妈都举手问我："你老给孩子们讲旁边有大灰狼，老教女孩子防性侵害，孩子们就会以为到处都是黑暗的，那他们的性格不都扭曲了吗？这个世界上哪有这么多陷阱和小人啊！"

对于这个问题，我认为，孩子认为这个世界是美好的，固然很好，可是如果因为有这样的想法，导致孩子在毫无防备的情况下遭遇犯罪侵害，那由此产生的心理阴影不是更大吗？我们不能保证我们的孩子一辈子都不被犯罪侵害，所以，让他早一点知道这方面的事情，对他一定是有好处的。

这就和孩子刚生下来就要种牛痘是一个道理，事先给他身体里注入一点病毒，就能激发他全身的免疫力，家长如果怕孩子打针疼，不让孩子打疫苗，孩子身上就没有免疫力，更容易生病。所以，一定要让孩子知道生活中有陷阱、有小人、有犯罪，这样才能激发他全身的力量，让他能够进行自我保护。

> **大伟忠告**
>
> 人的一生至少要遭受三次犯罪侵害，所以一定要让孩子了解社会上的潜在危险，才能激发孩子自我保护的潜能。

认清形形色色的人

高俅不仅是总参谋长，是太尉，他还是大宋朝的"贝利"，他是大宋朝踢足球（宋朝时候叫蹴鞠）踢得最好的人。足球中有一个技巧叫盘带，就是让球像粘在脚上一样，跟着自己设定的路线走。高俅就会盘带，而且技术非常高。正是他的球技，让他一步登天，出了头。

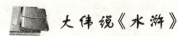 大伟侃《水浒》

高俅的发家史

高俅是个犯罪青年，服刑结束后，就去给一家人当小喽啰。有一天，他去给人家送东西，看见端王正领着"齐云社"的人在踢球。端王一脚踢过去，球就不偏不倚地冲着高俅飞了过去，这时候高俅在脑子里迅速地进行了一番思想斗争："这个球来

了,我到底是接还是不接呢?接了说不定我就飞黄腾达了,不接我的机会就肯定丧失了。"所以,球一飞过来,高俅一壮胆,一个倒勾,又把球给踢了回去。端王一看,哟,这个人了不起,就说:"你是干什么的?你的球怎么踢得这么好?来和我们一起踢。"于是,高俅就使出了自己所有的看家本领来踢球,球就像粘在他的身上一样,花样百出,引得端王连连称赞。从此,高俅就开始发迹了,后来端王当了皇帝,高俅也一步一步坐到了太尉的位子上。

· · · ·

高俅当了太尉,他的人生算是成功了。他是怎么成功的呢?靠一个球踢过来,他一个"鸳鸯拐"倒勾踢回去,就成了。在生活中,有很多成功的人,也有很多不太成功的人,面对这些形形色色的人,我们应该如何分清谁是好人,谁是坏人呢?

现在北京流行一个名词——"北漂一族"。现在有数以百万计的年轻人在北京"漂着",他们虽然在北京生活得非常艰难,但都咬紧牙关,拼命地努力,有的考研,有的工作,非常不容易。但也有的得过且过,甚至走上了犯罪的道路。对于这些人,我们应该如何分辨呢?

默顿的 5 种适应

心理学上把实现社会目标的过程分为 5 个层次,不同的人群分别适应不同的层次,叫做"默顿的 5 种适应"。

1. 遵纪守法:雷锋式好青年

现在大多数的 80 后、90 后都老老实实做人,走正路,一心想考研究生。一年考不上,考两年,两年考不上,考三年。在我的研究生中,最多有考四年的,他第三年来考试的时候,我都不好意思见他了，他却说："老师，您别害怕，我再考一年试试。"结果第四年终于考上了，现在已经是派出所所长了。

2. 腐化变异：上层社会黑心官僚、下层社会小流氓

这类人往往为达目的不择手段，像高俅、高衙内，都是这类人。最近在重庆打黑行动中出事的文强，他已经是该市司法局局长了，是高级干部，本来能够光荣退休、安全着陆的，结果就因为信念不坚定而走上了歧途。3000多万元的家产，除了其中的400余万元，其余的全部来历不明，甚至连嫖娼都花了12万元！这真是典型的腐化变异。

3. 遗世主义：陶渊明式人物

这是在北漂一族中混不下去的一类人，他们整日只知道吃喝玩乐，也属于比较会生活的一类人。比如他到饭馆里吃饭，要一碗羊肉泡馍，人家都是"咕噜咕噜"一口气就吃完了，他不是这样的，而是自己一点一点地掰馍，一边掰，一边喝茶，这样就能混过一下午的时间。

4. 逃跑主义：济公式人物

这样的人对现实采取逃跑主义，逃避义务、推迟决断，在家关起门来玩游戏机，什么也不干，有的还走上了吸毒贩毒的道路。

5. 暴乱犯罪：打闷棍式人物

在北京的过街天桥上，有时候你会看到一个男孩手上搭一件衣服，一看到有女孩子过来，就从衣服里拿出一根棍子，一下子把女孩打倒，人家身上有几个钱就抢几个钱。这样的就属于这类人。

用这5种类型来分析现在的北漂一族，可以看出，在北漂一族里面，90%是雷锋式的好青年，他们认真考研，努力工作，但是也有极少数暴乱犯罪的。

现在的社会压力很大，不同的人在面对生活时也有不同的选择，我们一定要分清身边的人的好坏，要远离那些可能侵害你的坏人，

这样才能保护自己。同时,面对身边真正通过自己的努力获得成功的人,我们也要用他们的奋斗经历来激励自己。

> **大伟忠告**
> 成功的道路有千万条,我们每个人都要思考一下,这一生应该怎么走。

除了上面提到的5种类型的人,还有一类比较极端的人群要引起我们的警惕,这就是像高衙内那样具有反社会人格的人。

"花花太岁"的反社会人格

高俅的干儿子高衙内当时也就十八九岁,是个小流氓,什么坏事都干得出来,任何女孩子,只要是他看上眼的,他就绝不放手,想方设法都要把这个女孩霸占了。人家送给他一个外号,叫"花花太岁"。当天,他见了林冲的娘子张氏,却又没能够得手,回去之后一直闷闷不乐,发誓要把张氏弄到手。用现在的话说,他的这种情况就叫"反社会人格"。

"反社会人格"是心理学上的一个名词。我们每个人都有人格,人格是由性格和气质构成的。

我们说一个人气质好,不是说他念了多少书,也不是说他有多好的修养,心理学上的气质是指爹妈给的、遗传的东西。

比如说我,我就有倾向抑郁的气质,凡事老往坏处想。前几天,我坐火车到济南,到了旅馆房间,我打开包一看,包里居然多了一部手机!当时我挺害怕的,心里总在想这手机是不是一个炸弹呢,当天晚上我就把手机交到了当地的派出所。但我一直想不通,这个包我是一直提着的,包里怎么会多出一部手机来。这就是抑郁,这种抑郁也许是我妈妈遗传给我的,而我又可能把这个气质传给了我儿子。

说得再通俗一点，气质是天生的。就像一窝刚生下来的小狗，有的爱叫，有的不爱叫，这就是气质的差别。

相对的，性格就是我们在后天生活中养成的了。比如说，我一生特别顺利，我就很高兴；我的家庭环境很好，我就很高兴。这种"高兴"，就叫性格。

气质和性格加在一起，就是人格。所以，我们每个人的人格里，既有先天遗传的东西，也有后天养成的东西。

有一个名叫海威·克利克（Hery Cleckley）的人写了一本书叫《心灵健康的标定》，里面列出了反社会人格的标志性特征，其中包括：

◇ 貌似幽默、智慧，实际肤浅、庸俗；
◇ 妄想和不合逻辑的狂想；
◇ 精神不清楚、神经质；
◇ 不可靠、不可信；
◇ 不信赖、不忠诚；
◇ 不知羞耻，无后悔之心；
◇ 从事反社会行为时毫无意识；
◇ 病态的自爱，对他人爱的丧失；
◇ 无是非判断能力，不能从经验中学习；
◇ 人际关系冷漠，缺乏交往；
◇ 目光特别短浅；
◇ 缺乏起码的人际联系和一般的礼尚往来；
◇ 想入非非，不能自控（饮酒或不饮酒）；
◇ 常有自杀之心，却很少执行；
◇ 性生活异常，或毫无人性，暴似野兽，或力不从心，随便了事；

◇ 生活无目的，当一天和尚撞一天钟。

从这些标签可以看出，反社会人格是非常不好的。现在好多的杀人案，都是凶手的反社会人格造成的。

2009年11月27日下午，北京大兴区某小区内一户人家一家6口被发现死于家中。6人均死于利器，而且凶手在杀人以后，还曾清理过现场。6名死者分别是户主李某的父母、妹妹、妻子和两个儿子，户主李某本人则不知去向。

在调查过程中，警方发现李某有重大嫌疑，随后展开抓捕工作，并于2009年11月29日在三亚将李某抓获。据李某交待，自己是个80后，当天晚上回家，喝了点酒，便拿刀杀死了自己的父母、妹妹、妻子和两个儿子。

过去我们讲"穷生盗，奸生杀"，意思是人穷了才会去偷盗，有了奸情才会杀人。可是这个李某把一家6口人都杀死了，也说不出为什么要这么做，周围的人也都想不明白。杀人总要有个理由，通过分析，我认为这应该就是李某的反社会人格导致的惨剧。

李某从小就孝顺父母，父母对他的管教也非常严厉，导致他不怎么爱说话，遇到问题也不能够发泄排解，只能憋在心里。结婚后，老婆又看不起他，经常骂他，数落他，他一直憋着，憋到最后，突然一下子爆发了，就激情杀人了。

所以说，具有反社会人格的人，往往是没有什么社会经验、做事情我行我素的人，这样的人是非常危险的。高衙内有反社会人格，他的犯罪是必然的。所以，一旦我们发现身边的人表现出反社会人格的某些特征，就要提高警惕，千万不要和他起直接冲突，以免最终伤及自己。

❋ 本课小结 ❋

● 要分清情况,学会"四喊三不喊"。要记住,喊与不喊一定要以不伤害自己的身体为根本的判断标准。

● 好人更容易成为被欺负的对象,更要注重自我保护。

● 人的一生至少要遭受三次犯罪侵害,所以一定要有防范意识。

● 分清"默顿的5种适应",知道反社会人格的标志性特征,看一看自己周围有没有这样的人,想一想应该怎样防范。

远离人生的种种陷阱
——林冲白虎堂遇伏

高俅布下三条计：
调虎离山骗人妻，
宝刀一把钓鱼饵，
白虎节堂是千局。

林冲的娘子被调戏了,林冲忍下了,他以为这件事就算完了,可是高衙内那边却没有完。

大伟忠告

善良的人总是希望以自己的让步来换取恶人的让步,但是等待他的往往是一个接一个的陷阱。

 大伟说《水浒》

陆谦调虎离山

高衙内有两个铁哥们儿,一个是"干头鸟"富安,一个是陆虞侯陆谦。有一天,高衙内说:"哎,最近睡不着觉呀。"高衙内的心腹富安马上接下话茬,说:"是呀,你最近怎么瘦了这么多呀?是不是在想那个'双木'呀?"他说的"双木",指的是一个"林"字,其实就是在说林冲的娘子。高衙内说:"对呀!我见过很多女孩,可就是这个,我见了就忘不掉了。你快给我想想办法,帮我支支招。"

富安说:"小人有一计,林冲最好的发小、最好的铁哥们儿是谁呀?陆谦呀!咱就设个计,引林冲上钩,你看行不?"接着,就在高衙内耳边如此这般地说了一番,高衙内一听,乐得脸上笑开了花,一拍大腿,说:"好!这个计好!就这么办!"

隔天,陆谦就去林冲家,对他说:"哎,林冲,我最近得到两瓶藏了五十年的茅台,你到我家喝酒去吧。"就这样把林冲骗出了家门。但他却没有把林冲带回自己家,而是带着林冲到了一个酒吧。

　　林冲出去喝酒去了,林冲的娘子一个人在家呆着。没过多久,突然来了个报信的,他一见张氏,就对她说:"哎呀,娘子,不好了,你家林冲在陆虞侯家喝酒,喝着喝着,突然中风脑溢血了,你快去看看吧!"林冲的娘子一听,就马上心急火燎地往陆谦家赶,到了陆谦家里一看,屋子里空无一人,她又走上二楼,推开房门一看,也没有人。正当她转身准备离开的时候,房里突然走出一个人,那人正是高衙内,他"嘿嘿"一笑,说:"娘子,我好想你啊。"张氏的丫鬟锦儿很聪明,她一看到这种情况,就赶紧跑去找林冲报信去了。

　　锦儿听旁边的人说看见林冲和陆谦去酒吧了,就跑去酒吧找到林冲。林冲一听,马上跑到了陆谦家里,他上了二楼一看,房间的门是关着的,只听见自己的娘子在里面说:"光天化日之下,你怎么能把我关在这里?"又听高衙内说:"娘子,我对你这么痴情,你怎么就一点都不动心呢?"他知道自己的娘子和高衙内都在房间里。

　　于是,林冲在外面大喊一声:"老婆,快来开门呀。"高衙内一听,赶紧从二楼跳墙跑了,林冲的娘子第二次得救了。

· · · ·

认清骗子的三张牌

　　想要对付骗子,首先就要知道他是怎样行骗的。概括来说,世界上的骗术一共有三种:馅饼、亲情、震撼。

馅饼

　　比如通知你中了大奖、有发财机会等。

有一个退休在家的老工人,两年之内收到了28份中奖通知,都是盖着大红印章的正式的政府通知,这个老头没上当,把这28份通知都交到了电视台,让媒体曝光了。

亲情

打电话叫你"猜猜我是谁",以多年未见的亲友的身份来行骗。这种骗术也叫"放鸽子",我10年前在济南当警察的时候就遇到过。

一个男孩在路上遇到一个女孩,女孩上前就说:"走吧,咱俩是同学,到我家去吧,我老公不在家。"到了女孩家里,女孩换了套非常暴露的衣服,和男孩一起坐在床上,越坐越靠近,正亲密呢,女孩的"老公"突然一脚端开厕所的门,手里拿着一把菜刀冲了出来,逼着这个男孩拿5000块钱出来息事宁人。

震撼

如银行账户卷入经济案件、家人遇车祸或突然发病等。像《水浒》故事里那个报信的人,告诉林冲的娘子说林冲突发脑溢血了,用的就是这招。

现在的骗子都知道骗别人的妈妈,给她打个电话:"你女儿被我绑架了。"其实大部分都是假的,但大多数妈妈一听到这句话,当场就大脑一片空白,个别比较清醒的会说:"那你让我听听我女儿的声音。"对方就"嗷"一叫,也可能是猫叫狗叫什么的,但妈妈听到的也都是自己女儿的叫声,因为她已经晕了。

骗子只有三张牌：馅饼牌、亲情牌、震撼牌。

骗子的这三张牌抓住了人的心理特征和性格弱点，人们在它们面前抵抗能力很低，在缺乏冷静分析判断的情况下，往往会在不知不觉中进入骗子的圈套。所以，大家一定要提高警惕，遇到类似情况，先不要激动，一定要冷静下来，判断分析其真实性，以免误入骗局。

不要堵死坏人所有的出路

杀父之仇、夺妻之恨，这是男人最忍受不了的事情，自己的老婆被人关在屋子里，一般人通常都会一脚踹开门，一下子冲进去，可林冲却没有冲动，他在门外喊的那句话其实是在跟高衙内说："我林冲来了，你赶紧走吧。"他为了保全自己和领导的关系，给高衙内留了个脸面，不愿第二次和高衙内起冲突。

这一步林冲做得对不对呢？这就涉及一个警察学知识了，叫"围师必阙，穷寇勿追"，这也是人生的一个诀窍。这是什么意思呢？围城墙的时候一共有四个门，你把三个门都围住，要留一个门让坏人跑，你要是都围住了，坏人肯定就会豁出去和你拼命。

当时林冲要是冲进去跟高衙内起了冲突，必然得有一个死，他非得把高衙内杀了不可，要不然高衙内就会把他杀了。林冲是好人好心，所以，当时就放了高衙内一条生路。

警察遇到这样的事情，也一样会按照这8个字来处理。

比如，一个女同志带着孩子逛超市，看到前面有一个小偷在偷东西，这位女同志一喊，警察就来了，几个警察一下子把小偷堵在

超市的一个角落里,这时候小偷一着急,一把把那个女同志带着的小孩抢过来,把刀架在孩子的脖子上:"你们赶紧给我让开,不然我就把这小孩杀了!"一起普通的盗窃案瞬间变成了人质劫持案。如果能够解救成功也就罢了,要是不能,小孩的命也搭上了。那么,根据"围师必阙,穷寇勿追"的道理,警察抓小偷,可以先围住,然后故意露出一个缺口让他跑,等他跑了再抓他。这样,就不至于让小偷狗急跳墙,干出更坏的事情了。

"围师必阙,穷寇勿追"既是警察学的内容,也是人生的一个大智慧,它对我们的日常生活也是很有用的。

有一天早晨,我爱人去上班,在路上看见前面一个老头骑了个三轮车,车后面放了一个大的旅行箱,一个小偷跟在后面,把箱子的拉链拉开偷东西,我爱人就喊:"偷什么!"那小偷把拉链拉上,笑了笑,摆摆手走了。我爱人回来对我说这件事,我说:"你这事做得不对。你偷偷打110就好,怎么能喊呢?你一喊,他真急了,给你一刀,你怎么办?"这就是"围师必阙,穷寇勿追"。

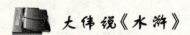

误闯白虎节堂

高衙内从陆谦家逃出来之后,心里又气又怕,又不敢对高太尉讲,气血攻心,一下子就病倒了。高太尉看到这种情况,就把富安、陆谦两个人叫来,让他们想个办法,帮高衙内把林冲的娘子弄到手。于是,陆谦又献了一计。

这天,林冲和鲁智深两人在街上边走边聊天,看见一个人在前面卖刀,那个人头上扎个头巾,身上穿着旧战袍,手里拿着一把刀,站在街中间喊:"居然没有识货的人,真是委屈了我这把宝刀。"林冲只是自顾自地和鲁智深说话,从那个人身边走了过去。那个人又在林冲背后喊:"好一把宝刀,只可惜遇不到识货的人。"林冲还是没理会他。那个人接着高声喊:"整个首都这么大一个城,难道就没有人认识我这把宝刀吗?难道这里的人都这么没有眼力?"林冲一听这话,就转身上前想要看看那把刀。

那个人把刀递给林冲,林冲一看,刀上镶满了红宝石、绿宝石、蓝宝石,明晃晃的,真是一把好刀,就想要买。那个人说:"三千块钱的刀,我急着要用钱,你给两千块就拿走。"林冲说:"一千块我就买。"那个人一咬牙,说:"黄金的刀卖了铁的价,也罢,我卖给你。"于是,林冲就花了一千块钱买了这把宝刀,心里特别高兴。

林冲回到家,拿着这把刀爱不释手,连睡觉都抱着。他想到高太尉家里也有这么一把刀,心想一定要找太尉比试比试。

第二天天没亮,就有两个差人来找林冲,原来是高太尉知道林冲买了一把好刀,想叫林冲拿着刀去和自己那把比一比,林冲就拿着刀,高高兴兴地跟着那两个差人到了太尉府。两个差人把林冲领到了太尉府的前厅,林冲就站住了,这两个差人对他说:"太尉在后堂等你呢。"于是,林冲跟他们往里走。到了后堂,林冲没看见高太尉,就又站住了,这两个差人又说:"太尉在里面呢,叫我们把你带进去。"于是,林冲又跟着他们往里走,到了一个厅堂前,两个差人说:"林教头,你在这里等一下,我们进去禀报太尉。"

林冲拿着刀,在堂前左等右等,刚开始还想着一会儿要和太尉比试宝刀,心里很高兴,后来,等了许久都不见那两个差人出来,正觉得奇怪,突然抬头看见堂口挂的匾上写着"白虎节堂"四个大字,他心里一下子慌了。林冲是国防大学的教授,

第一课 远离人生的种种陷阱——林冲白虎堂遇伏

白虎节堂是总参谋部的作战室，教授拿着刀到了作战室，那可是犯了杀头之罪。林冲吓坏了，赶紧要往外走，这时候高太尉从里面出来了，生气地说："林冲，你知道这是什么地方吗？你居然拿着刀进了总参谋部的作战室，难道你是要刺杀老夫不成？"说完，就叫埋伏在两旁的士兵把林冲抓了起来。

刺杀总参谋长是大罪，林冲误入白虎节堂，第三次遭到陷害。

林冲为什么容易受骗？我认为有这么几个原因：

◇ 被人"杀熟"。陆虞侯是林冲的发小，却和别人一起设计陷害林冲。

◇ 缺乏警惕心。也不想想那么好的刀，为什么1000块钱就能买到手。

◇ 缺乏社会经验，不会制定突发事件的应急预案。在家里只知道喝酒，老婆被人家调戏两次，只知道自己心里想不开，却不会把别人往坏处想，不会想想接下来应该怎样预防再次被害。

◇ 忍让。人生的两个大忌，一个是对你心存算计的朋友不设防，另一个就是无限度地忍让。

从林冲一次又一次被陷害的故事中，我们也总结出一些经验教训。

慎防"知心话"，学会识人术

古代有一个古典犯罪学派，它认为小脑门的人都是天生的杀人犯。这个说法是没有依据的，但有的时候，识人就是需要经验的。你不要以为对方是你的熟人，是你的好朋友，你就完全对他放心，就完全相信他所说的每一句话。

我有一句话,叫"慎防好人的'知心话'",越是自己的朋友,越是"知心话",你听起来越要小心,有的"知心话",千万不能相信。中国古代有很多俗语,比如"易涨易退山溪水,易反易覆小人心"、"画虎画皮难画骨,知人知面不知心"、"有茶有酒亲兄弟,急难何曾见一人"、"人情如纸张张薄,世事如棋局局新",这些都告诉我们,要防备"知心话",要防备"熟人"。

比如一个女同志,要是晚上下大雨往家里跑,跑到家门口的时候,突然看见自家门口站着一个陌生人,她肯定会害怕;同样的情况下,如果看见门口站着一个熟人,她就不会害怕了。但我要说的是,70%的性侵害都是熟人所为。所以,在这种情况下,你看见熟人,应该吓一跳,看见陌生人,却基本上没事儿。这就是被害人学,叫"生虎犹可近,熟人不可亲"。

男同志也一样,70%上当受骗的人都是被自己的朋友骗的。

大伟忠告

要提高警惕,不仅要防范陌生人,还要防范身边的朋友。

那么,陌生人也好,朋友也罢,到底哪些人是我们该防的呢?这就需要我们有识人的技巧。我根据自己的经验,总结了一套"王大伟的识人术":

◇ 牙齿好的人,一般脾气都不太好,比如你看一个女孩子,一口利牙,特别干净、整齐,那她的脾气一般都比较大;反过来说,牙不好的人,一般脾气都好。当然,这也不是绝对的。

◇ 求人办事的时候,如果这个人拍着胸脯一口答应:"没问题,这事我肯定能给你办下来。"这种情况下,这事多半办不下来。而且

你还更要多加小心,因为这种人很可能是骗子,比如高考之后,大学门口那些向家长承诺保证使孩子上学的人。还有,刚入官场的年轻人,应该选择老成持重者为师——"凌霄羽毛轻无力,掷地金石自有声"。

◇ 在逆境中,不断说些劝你的话的"好心人",一定要小心。如《水浒》中林冲的好友陆谦。

◇ 学英语的人,口语好的,一般语法差些。近视的人听力一般都好。

◇ 对当领导的人,所谓专业与学问的标榜切不可全信。有领导才能又同时献身学术的人,可能不太多。

◇ 不吸烟饮酒的人,大都是对自己要求严格的人。比如女孩在选男朋友的时候就要留意,那些不吸烟、不喝酒的男孩,说明他对自己要求严格,或许是可以托付终身的。

◇ 老是在你身边转、对你甜言蜜语不断的人,最后多半会欺负你、骗你。对你吹拍的人,最可能背叛你。伤你最深的人,一定是你最爱的人。70%的凶杀案发生于熟人之间——"生虎犹可近,熟人不可亲"。

◇ 留学生大部分是爱国的人。老说外国好的人,一般都没在国外长住过。不孝顺父母的人,很少有爱国的。爱祖国的人一定是心地最善良的人。

◇ 左撇子中的大学生比其他人多一倍,比其他人的平均寿命少6岁。

◇ 家中父母最喜欢的一个子女,一般都不成大器。

◇ 农村的青年一般爱做官,城市的孩子大都爱玩。贪污的官员中,出身乡村的比例高一些。北京的政府机关与高校中,外地人比例高些。

◇ 一个班级人人都穿羽绒服,有一个穿棉袄的,这个人一般是学习第一名的,这就是"寒门出孝子,逆境出人才"。

◇ 胆小的男孩一般能成大事,流泪的男人一定有爱心。打仗前思后想的人才是帅才,举棋不定是一种美德。

◇ 爱骂人的人,他的内心往往充满恐惧。长角的动物都不是食肉动物。一群人中最安静的人往往最有实力——"动如火掠,不动如山"。

◇ 小个子的能人,当心遗传大病。父母早死的人,中年后一定要全力保养!

◇ 背叛了你又侮辱你的女孩一生命薄,也即恶有恶报。早年的班花、校花,有几个会有晚年的幸福?——"猛虎别在当道卧,困龙也有上天时"。

◇ 重情之人,难有爱情之幸福。当你说出"爱"字,你就处于被动。爱情的真谛是欲擒故纵。鲜花大都插在牛粪上——"骏马常驮痴汉走,巧女常伴愚夫眠"。

◇ 一生设计、一生受累的人,少有善终——"耕牛无宿草,仓鼠有余粮"。

◇ 盖楼的工人,许多人没房子住;造汽车的工人,许多人无车开——"遍身罗绮者,不是养蚕人"。

◇ 老看病的人,一般都无大病。药王孙思邈少年多病,却活了110岁;作家谢冰心,刚会吐奶,就会吐血,活了90多岁。自吹爹妈给个好身体的人,却往往活不长。

如何破解骗局?

白虎节堂的故事,其实就是骗局。

大伟忠告

> 骗子行骗，一个人叫托儿，两个人叫双簧，三个人就是千局。

现在骗人都是设局的多，我们之所以会被别人骗，都是因为太痴心。女同志里花痴多，特别是年轻女孩，总想着要去找个有房有车、英俊潇洒、对自己好得不得了的好老公。男同志里钱痴多，整天就在想怎么挣钱。林冲之所以能被人家用一把刀钓上钩，因为他的痴心就在这刀上，他是个刀痴。

所以，每个人都有痴心，骗子能够骗得了你，就是因为你的痴心。知道了这一点，就知道如何破解千局了，即：内去痴心，外防老千。不管遇到什么骗局，都不要被自己的痴心蒙住了眼睛。

危险预测是自我保护的第一步

我们每个人在处于人生的重大关口的时候都要做危险预测。尤其是女孩，一定要有危险预测。

在重庆，一个女孩通过网上聊天认识了一个男孩，两人见面后，女孩发现男孩又矮又丑，而男孩一见女孩，第一句话就是："你知道我叫什么吗？我叫成吉浩然，我的老祖宗是成吉思汗。"然后拿出一个玉雕，递给女孩，说："这是老祖宗留给我的，我得了癌症，就要死了，拿着这个也没用，就送给你吧。"女孩一听，责任感在瞬间油然而生，她说："成吉浩然你不要害怕，癌症不等于死亡，我有10万块钱，都给你治病。"男孩说："10万不够呀，要治我的病，得60万才行。"

这个女孩正好是单位的会计，为了给男孩治病，她就开始一笔一笔地挪用公款。当她挪用了 40 万公款的时候，男孩被警察抓住了，这才发现，这个成吉浩然同时和三个女孩同居，在第一个女孩面前他叫爱新觉罗·浩然，在第二个女孩面前叫叶赫那拉·浩然，这个女孩是第三个受骗的。

我认为，如果这个女孩能有一点防范意识，给自己做了危险预测，她就不会上当受骗了。所以，做好危险预测很重要。在英国，有一种帮助女孩做危险预测的方法：自己给自己打分。

◇ 40 岁以下；
◇ 家里有点钱，或者在银行当会计；
◇ 结婚 10 年了，总觉得生活很平淡，看老公不顺眼；
◇ 有一定文学修养，爱看言情小说，总盼望着白马王子出现；
◇ 感情丰富，性格内向；
◇ 有上网史，喜欢上网聊天。

以上 6 条，每条 5 分，要是你的得分超过了 20 分，那你就应该注意了，要时刻提醒自己小心周围的人和事，不要轻易上当受骗。

现在的孩子都太老实，危险预测是自我保护的必备招术。当我们的孩子走上社会的时候，我们应该把这个方法教给他，让他学得精一点。

谨慎处事，远离灾祸

林冲在毫无防备的情况下，就被人带到了自己本不该去的地方，招来了祸患。所以，我们不论做什么事情，都一定要小心谨慎。

现在的孩子，很多都是大大咧咧的，对什么事情都是一副无所谓的态度。我儿子在日本念书，早晨我爱人开车送他到机场，一不

小心走错路了，我儿子说："妈妈，您别着急，咱们能赶上就赶，赶不上就回家吧，有什么了不起的。"你看，他的心态多"好"。

中国古代有一本教育小孩的书，叫《弟子规》，里面有这样的说法：

> 缓揭帘，勿有声，
> 宽转弯，勿触棱。
> 执虚器，如执盈，
> 入虚室，如有人。

"缓揭帘，勿有声。"从小就要教孩子，就是掀个门帘，也要慢慢地，不要发出声音。

"宽转弯，勿触棱。"走路遇到转弯的时候，弯要转得大点，别让身体碰到桌子的棱上，以免被磕伤。

"执虚器，如执盈。"如果拿着暖壶，就算里面是空的，也别乱跑，要像壶里有水那样慢慢走。

"入虚室，如有人。"即便是在一个没有人的屋子里，也得坐有坐相，站有站相，等着领导或老师来。

这些都是告诉小孩子，做事一定要小心谨慎，从这些日常生活中的小事中养成了谨慎行事的习惯，当遇到大事时，才不会因为鲁莽行事为自己招来灾祸。

小心谨慎地做每一件事情，就可以避免鲁莽犯错。

❈ 本课小结 ❈

- 骗子只有三张牌：馅饼牌、亲情牌、震撼牌。这三张牌抓住了人的心理弱点，人们在缺乏冷静分析判断的情况下，就会进入骗子的圈套。

- "围师必阙，穷寇勿追"，这是警察学的内容，也是人生的一个大智慧。

- 70%的犯罪都是熟人所为，一定要慎防身边好人的"知心话"，要总结一套自己的识人术。

- 每个人，尤其是女孩子，在处于人生重大关口的时候一定要做危险预测，这样才能避免自己误入陷阱。

第三课

不要屈服于暴虐
——林冲觉醒山神庙

禁军教头称林冲，
长枪扎处神鬼惊，
只因心中有魔障，
斯德哥尔症候群。

林冲本身是一个矛盾体,正义感和忍让同时表现在他身上,而且都表现得非常强烈。如果高俅不杀人害命,不把他置于死地,他是绝不会走上梁山的。

大伟侃《水浒》

野猪林遇险

林冲被高太尉抓了,打了一顿,判了刑,脸上刺了刺青,成了罪犯,被发配到了沧州。负责羁押他上路的两个人,一个叫董超,一个叫薛霸。这两个人在家收拾行李的时候,被林冲的铁哥们陆谦请到了一个酒楼里。

陆谦给了他俩十两金子,说:"你们二位也知道林冲和高太尉是死对头,现在高太尉让我把这十两金子给你们,想让你们到了偏僻的地方把林冲杀了,一切后果自有高太尉担待,你们不必担心。杀了林冲之后,你们把他脸上的刺青割下来做个证据,到时候自会另有酬谢。"董超一听这话,内心还在犹豫,可薛霸是个见钱眼开的人,当即就收下了金子,答应了陆谦。

于是,两人就押着林冲上了路。当时正是六月时分,酷暑难当,林冲身上的棒伤发炎了,又是长蛆又是流脓的,特别难受,走路都很困难。可薛霸却嫌他走得太慢,一路上对林冲又打又骂。

晚上到了客栈,林冲自己掏钱请董超、薛霸喝酒吃肉,那两人却合伙把林冲灌醉了。然后,薛霸给林冲打来一盆洗脚水,谁知里面却是刚煮沸的开水,薛霸假装好意要帮林冲洗脚,强行把林冲的脚按进滚烫的水里,林冲本来就有了醉意,再加上身上带着枷锁,根本无法反抗,结果,双脚都烫起了水泡。

第二天,准备上路了,林冲却找不到自己的草鞋了。董超扔给林冲一双新草鞋,薛霸在一旁拿着棍子拼命催促,林冲没有办法,只好穿上了新草鞋。走了没多远,脚上的水泡就被新草鞋磨破了,鲜血直流,疼痛难忍。林冲说:"二位,我脚上的水泡磨破了,我不能走了。"薛霸骂道:"你少装了,快走,不然我拿棍子打你了!"董超一看这种情况,就扶着林冲往前走。

就这样,三人走到了野猪林,薛霸对林冲说:"林教头,天太热了,我们走累了,想睡会觉,又怕你跑了,把你捆起来行不?"这时候,林冲还是毫无防范之心,就答应了。薛霸把林冲结结实实地绑好之后,两人就露出了真面目,他们拿起棍子对林冲说:"林教头,明年的今日就是你的忌日,你不要怪我们,这是高太尉和你的发小陆虞侯要我们这么干的。"一听这话,八十万禁军总教头林冲居然泪如雨下,求饶连连,说:"二位,我和你们无冤无仇,求你们放过我吧。"

两人哪里听得进去,只见薛霸举起棍子,猛地朝林冲的脑袋上劈下来,说时迟,那时快,正在这生死关头,突然飞出一条铁禅杖,把薛霸手里的棍子打出去老远。林冲定睛一看,原来是赶来救自己的鲁智深。

鲁智深上来就要杀掉董超、薛霸两个人,这时候林冲说:"大哥,你可千万别杀他们,虽然他俩要杀我,但这跟他俩没关系,他们也是受人指使。"于是,鲁智深就陪同林冲一起上路,让董超、薛霸再也无法加害于林冲了。

· · ·

人生的两个防范模式

所谓"裁缝",得先会裁,才会缝。"警察"也一样,"警之于

先，察之于后"。警察可不是事后破案的，所有的事都必须事先提高警觉。现在的律师也好，心理学家也好，还有各种法律电视节目也好，都是在告诉大家，一旦犯罪侵害你了，你怎么打这个官司。其实这是不对的，这是一个误区，它让大家都以为对待犯罪的第一条就是事后怎么打官司让他判刑。其实，"警之于先，察之于后"，事先防范，才是最重要的。

我认为，人生有两个不同的防范模式。

一个是被动他救技防模式。现在咱们所有人，包括大人小孩，几乎都是这个模式。当你遇到犯罪侵害的时候，你是被动的，处于等待他救的状态中。"他救"就是犯罪一侵害到你，你就打110，警察要是来得慢了，你还要骂警察。可是，在犯罪侵害你的时候，警察百分之百是不在你身边的。"技防"就是说，我们总想着在家里安装监控电视，多安几道锁，这样犯罪就侵害不到我们了。这个想法也是错的，在这种情况下，我们会以为我们被犯罪侵害，是因为警察没有尽到责任。

一个是主动自救心防模式。我们做任何事情，都要对自己负责，要自己主动防范危害，进行自救。"心防"就是心里要多个心眼，尤其是女孩子，凡事一定要多个心眼，要学会自我防范。现在发生了很多女孩被性侵犯的案例，这种情况一定不是考虑事后怎么补救的问题，而是注意事先防范的问题。

大伟忠告

人生应该有一个5级预警系统：红色（超高发）、黑色（高发）、橙色（次高发）、黄色（一般）、绿色（低发）。

有个老板和自己的副手是铁哥们儿,刚开始的时候老板负责生意,副手管财务,一年下来收入好几百万。于是这个老板心生嫉妒,把副手升级成了董事长,但是却剥夺了他的财政大权。

一天晚上,这个老板和老婆在街上散步,一辆工具车开过来停在他身边,车上下来几个小伙子,劈头就问:"您是咱们公司的老总吗?"他回答道:"是呀。"这几个小伙子就请他上车,他一点防备心都没有,就跟着上了车。一上车,他就被人用铁丝勒住了脖子,勒死后扔到河里去了。

几百万的矛盾出现的时候,是人生最危急的时候,可这个人却没有防备意识,没有自己的预警系统。

澳大利亚出现过杀害中国留学生的事情。

有个女留学生,考完试了,心里很高兴,就上了一个男人的车,和男人喝酒寻开心去了,结果一去就再也没回来。过了两个月,在河边发现了她的尸体。

所以,各位家长,尤其是有女孩子去国外留学的,一定要告诉她,出门在外,要有防范意识,不要随便上男人的车子。这就是人生的预案。

我们每个人都要有人生的防范预案。预案不是事后的应急反应,而是事先的主动防范;预案不是放在办公桌里的一份空头文件,而是藏在每个人的心里的;预案不是一份空洞的理论性文件,而是实际的、可操作的、能够自救自护的技能。

再看看林冲,他真是枉为国防大学的教授,一点防范意识都没有。在去往沧州的路上,两个差人这么对他,他都以为这两人只是

无意之举,只希望自己赶紧到了沧州,好早日劳改,重新做人。

林冲被害分为5步。第一步是他的娘子在五岳楼被强奸未遂,第二步是他的娘子在陆谦家第二次被强奸未遂,第三步是他被骗进了白虎节堂,第四步是野猪林差点被押解他的差人杀死,第五步则是"林教头风雪山神庙,陆虞侯火烧草料场",最后被逼上梁山。这么多次的危险,这么多次的迫害,林冲却一点都不知道防范,一点预案都没有。这是我们应该引以为戒的。

大伟忠告

我们每个人都要有预案,预案不是事后的应急反应,而是事先的主动防范。

不要向犯罪分子低头

1973年8月23号,在瑞典的斯德哥尔摩,一群绑匪在抢银行的过程中劫持了三女一男当人质,一共劫持了160个小时。在这160个小时中,绑匪并没有伤害这三个女人质,结果,三个女孩的人性就被绑匪驯服了,她们觉得绑匪对她们太好了。

最后,警察抓住了这三个绑匪,在整个开庭审判的过程中,这三个女孩居然一致站在犯罪分子这边,为他们做伪证。而最出人意料的是,当这三个绑匪服刑完毕放出来之后,其中两个女孩居然嫁给了绑匪。

上面所说的不是一个故事,而是真实的案例,案例中的女孩就是有斯德哥尔摩症状的人。斯德哥尔摩综合征的核心观点就是:人是可以被驯养的，具有一种屈服于暴虐的弱点。

《水浒》里形容林冲"豹头环眼威猛汉，金盔银甲丈八矛，枪挑山河惊关羽，名贯五洲震曹操"，在梁山泊一百单八将里，林冲是一等一的好汉。可是，为什么林冲会一步一步走上绝路，而毫无反抗之力呢？因为他就有斯德哥尔摩综合征。明明高衙内、高太尉一步一步地陷害他，可他总觉得如果自己能够感恩戴德地对待别人，别人就不会再对他实施犯罪了。

现在有很多"禽兽父亲"的案例，亲生父亲强奸了自己的女儿，还把女儿藏在地窖里头长达10年、20年，女儿都生了孩子了，却不反抗，这是为什么呢？因为受害人内心恐惧、害怕，而且在长期被害的过程中对犯罪分子产生了一种认可，只要犯罪分子给了自己一点小恩小惠，就觉得自己这一生好像也无法反抗了，还不如任凭人家宰割。这就是斯德哥尔摩综合征的反应。

> 在美国，有一个七八岁的小姑娘在上学的路上被人劫走了。劫持她的人50多岁，是个印名片的商人，他把小姑娘藏在自己家院子的帐篷里，一藏就是20多年。
>
> 在这20多年里，小姑娘给劫持他的人生了两个女孩。到最后，即使有逃跑的机会，她也不跑了，反而还帮这个人打点生意。

这个女孩为什么不跑呢？为什么不反抗呢？因为她也是斯德哥尔摩症候群的一员。人性是可以被驯养的，我们每个人身上，或多或少都会有这种症状的影子。所以，一旦犯罪侵害到我们头上，我们就应该坚决地和他斗争，一定要报警，依靠人民警察，才能战胜犯罪分子。

大伟忠告

斯德哥尔摩综合征反映了人性的弱点:人是可以被驯养的,有一种屈服于暴虐的弱点。难道我们心中一点这样的阴影也没有吗?

大伟绘《水浒》

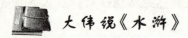

觉醒山神庙

林冲到了沧州,被分配到军营去管理草料场。

这年冬天特别冷,有一天,天下着鹅毛大雪,林冲就出门去买酒回来暖身子。等回到草料场一看,两间草厅已经被雪压倒了,进屋看了看,屋里的火种也早就被雪浸湿了。林冲心想:"天寒地冻的,又没个火,这可如何是好?对了,离这儿不远有一座古庙,我就到那里暂时住一晚上吧。"

于是,林冲拿着买回来的酒和肉来到庙里,正在吃喝的时候,突然听到门外有"毕毕剥剥"烧火的声音,他连忙从门缝里往外看,只见草料场那边火光冲天。他正准备推门出去救火,就听见门外有三个人的说话声和脚步声,于是急忙用石头抵住大门,自己躲在门边。这三个人来到庙门前,推了推大门,见打不开,就在屋檐下站住了,一个人说:"林冲这次死定了,高衙内的病肯定能好了。"另一个人说:"林冲那老丈人也是个死脑筋,高太尉三番五次托人去说情,告诉他林冲已经死了,他就是不答应让自己女儿改嫁给高衙内,所以太尉才让我来拜托你俩干这件事,今晚总算大功告成了!"又有一个人说:"哼,就算他林冲这次命大逃掉了,大军草料场被烧,他看管不利,也是死罪。"一个人说:"我们该回城了吧。"另一个人说:"再等等，最好能捡一两块林冲的尸骨回去，也好向太尉和高衙内交差嘛。"

林冲从门缝一看，这三人一个是军营里的差拨，一个是富安，另一个竟然又是陆谦。他想："要不是老天爷可怜我林冲，让大雪压倒了草厅，我早被他们烧死了。"随后挪开门口的大石头，拿着花枪冲出去，把三人杀死了。

丢弃羊的反抗，学会狼的反抗

你知道你周围有多少女孩被性侵害吗？你可能会认为，我周围都是鲜花啊，哪儿来的大灰狼呢，怎么会有女孩被性侵害呢？其实，女孩遭遇性侵害被发现的比例是1∶7，就是说，如果一个学校里，发现有一个女孩被性侵害了，那么这个学校至少有7个女孩曾经被性侵害过。可能是被老师，或者被教工侵害，但这些女孩都憋在心里，不敢说出来，这是为什么呢？

在遇到犯罪侵害的时候，受害人有保命型的，有认死型的，有懦弱型的，这就造成了隐案。

我总结了一下，遇到犯罪侵害的时候，被害人通常有两种反抗方式：一种是羊的反抗，惊慌、不逃跑、等死，林冲就属于这种；一种是狼的反抗，镇静、会隐蔽，找准机会猛地上去咬一口，然后果断逃生，能和对方斗智斗勇。

小老虎会撕咬，
小山羊敢顶角，
坏蛋问我不知道，
敢骗坏人赶快跑。

现在的孩子是"两不会"。一是不会撒谎,我在北师大教育系读博士的时候,做过一个调查,我问了5800个孩子:"坏蛋能骗吗?"得到的答案几乎都是"不能",因为"老师说骗人不对",所以现在大多数孩子都不会骗人。二是不会逃跑,一旦有犯罪侵害到孩子身上的时候,他们只会两腿发麻,不会跑。这样的话,一旦孩子遇到坏人,多半会吃亏,会有危险。

那么,在遇到犯罪侵害的时候,我们应该怎样对待犯罪分子呢?有4个字:寻安善处。

有一个28岁的单身母亲,在家里睡觉,醒来一看,屋里有个修水管子的工人,这个工人之前来修水管的时候就盯上她了。他抱着她两岁大的女儿,说:"你要答应我一个要求,我就把你女儿放了,要不然,我就掐死她。"最后,为了保全女儿,这个母亲不得不屈服在犯罪分子的淫威下。

这件事情去年在网上吵得沸沸扬扬,大家都在讨论这个母亲做得对还是不对。

在我看来,我给这个母亲打60分——她保住了自己的女儿,及格了,但是,她无奈地屈从于犯罪分子,而没有骗犯罪分子,和他斗智斗勇,不让他得逞,丢掉了40分。

所以,大家一定要记住"寻安善处"这4个字。遇到犯罪侵害的时候,首先要保全自己的安全,然后,要善于和他周旋,和他斗智斗勇。如果这个母亲能和犯罪分子斗智斗勇,不让他得逞,那她就能得满分了。这也正是前面提到的"狼的反抗"。

> 人性绝不许被暴虐所驯养。要丢弃羊的反抗,学会狼的反抗!

如何识破伪造的现场?

在沧州,想杀害林冲的人真是高手,不仅要杀林冲,还要伪造成林冲是自己不慎在草料场引起火灾被火烧死的。精明的犯罪分子多半会伪造现场。

中国古代有本书叫《洗冤录》,里面有两个法医学故事,正是教人们如何判断犯罪现场是不是人为伪造的。

一

有一个人在屋子里被烧死了,他到底是被烧死的,还是被人家先杀了,然后扔在火里伪造现场的呢?大家都说不准。法官就让人找来两头猪,做了个实验。他让人把一头猪关在屋子里活活地烧死,把另一头猪先打死,再放到火里烧死。最后把两头猪的鼻子割开一看,被活活烧死的猪鼻子里有黑色的碳,因为它在被烧的过程中还有呼吸,而先被打死再被烧的那头猪鼻子里就没有碳。

二

有个人的老婆上吊死了,他就去官府告状,当时的法医到了现场一看,地上有一串脚印,就断定死者是被人杀害的,然后凶手伪造了现场,把她吊了起来。法医之所以这么说,是因为如果一个人想上吊自杀,他一定会在那儿转来转去地犹豫,

最后才下定决心，上吊自杀，不会有人想好了要自杀就一下子上去吊死了。而现场却只有一串脚印，这就说明这个人的老婆不是自己吊死的。这就是犯罪心理学。

这些都是古人的智慧结晶，对今人还是大有用处的。

知识链接

《洗冤录》，又称《洗冤集录》，是宋朝时期的法医官宋慈的著作，是世界上第一部系统的法医学著作，它比国外最早由意大利人菲德里写的法医学著作要早350多年。

书中记载了人体解剖、检验尸体、勘察现场、鉴定死伤原因、自杀或谋杀的各种现象、各种毒物和急救、解毒方法等十分广泛的内容，总结了历代法医的宝贵经验。这本书已被译成多种文字，被公认为世界法医学界共同的精神财富。

本课小结

● 人生有两个防范模式——被动他救技防模式和主动自救心防模式，其中，主动自救心防模式是我们应该掌握的。

● 人生预案不是事后的应急反应，而是事先的主动防范；它不是放在办公桌里的空头文件，而是在每个人头脑中的；它不是一份空洞的理论文件，而是实际的、可操作的、能够自救自护的技能。

● 一旦犯罪侵害到我们头上，我们就应该坚决地斗争，一定要报警，依靠人民警察，才能战胜犯罪分子。

● 遇到犯罪侵害的时候，首先要保证自己的安全，然后还要和犯罪分子斗智斗勇。要学会寻安善处，学会狼的反抗。

第四课

示弱也是取胜的一种手段

——林冲棒打洪教头

处处谦让留余地，
示弱在前三退避，
诱敌深入沉住气，
出手一招便制敌。

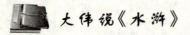

林冲棒打洪教头

在野猪林，林冲告别了鲁智深，带着枷锁，又继续往前走，路上遇到了柴进。柴进在江湖上是一个善交朋友、广交天下英雄的好人，只要有流放的犯人从他这里路过，他都要请人家吃饭，还要给人家钱。他一听眼前这个流放的犯人是大名鼎鼎的林冲，连忙盛情相邀，请林冲到自己的庄园做客。

林冲和董超、薛霸两个人跟着柴进进了柴家庄园，正喝着酒，进来一个大胖子，他腆着肚子，帽子歪戴在头上，袒胸露腹，一副趾高气扬的样子，他就是洪教头，是柴进雇的武术教官。

柴进一看洪教头进来了，连忙将林冲和洪教头介绍给对方认识，林冲赶紧起来向洪教头行礼，说："哎呀，很高兴见到你。"可洪教头看了看林冲，"哼"了一声，也不理他，什么也不说。林冲向洪教头行完礼，又赶紧让座，洪教头也不谦让，一屁股就坐下了。这一切，柴进都看在眼里，不爽在心里。

洪教头坐下后便对柴进说："大官人，你今天怎么对这个流放犯这么好呢？好吃好喝地招待他不说，还搞得这么隆重，就像款待贵宾似的。"柴进回答道："这位和别的流放犯不一样，他是八十万禁军教头，我怎么能有所怠慢呢？"洪教头说："哼，大家都知道大官人你喜欢舞刀弄枪，凡是有流放的犯人到此，都会说自己是枪棒教头，好向你讨一些酒肉银两。他说自己是禁军教头，你怎么能当真呢？"林冲听了，也不出声。柴进说：

"你可别小看了他。"洪教头不服气了，说："我就不信他有这么厉害！要不让他和我比试比试！"柴进哈哈大笑，说："林冲是八十万禁军总教头，武艺高强，我的洪教头也是武林高手，你们两个人比试比试，让我们大家开开眼，好不好？"

林冲心想，洪教头是柴进的武术老师，如果自己打败了洪教头，柴进会没面子，所以他说："哎呀，不行不行，我一路上走得太累了，功夫又不好，算了，我不比。"柴进看透了林冲的心思，便说："洪教头到我这儿也没多久，一直没遇到对手，林教头你千万不要推辞，正好让我见识一下你俩的本领。"听柴进这么一说，林冲心里就没有顾虑了。

两人开始比武，交手了四五个回合后，林冲跳了出来，对柴进说："小人输了。"洪教头和柴进听了，都大吃一惊，柴进问："你都还没拿出看家本事呢，怎么就输了？"林冲说："我这戴着枷锁呢，行动不方便，根本没法打啊，只能认输了。"柴进听了哈哈大笑，就拿了十两银子贿赂董超和薛霸，让他们两个人把林冲的枷锁打开了。

洪教头看到林冲这么弱，心里更加得意了，就一直往前进，打得林冲步步后退。林冲知道，柴进其实就是想看自己打赢洪教头，于是，他看准机会，在洪教头一抬脚的瞬间，一棍子打在洪教头的脚踝骨上，把洪教头打倒在地。

洪教头满脸羞愧，在众庄客的搀扶下走了，再也没有脸面在柴进家当教官了。

第四课 示弱也是取胜的一种手段——林冲棒打洪教头

对付强敌的4个诀窍

有的人很低调，内心却很坚强，有的人很猖狂，内心却很虚弱，

所以人的外表和内心是不一样的。要记住，凡是长角的动物都是吃草的，就比如大象长着尖尖的大牙，犀牛长着尖尖的角，看上去气势汹汹的，其实都是食草动物。

有一天，孔子向老子请教："您能教我一点为人处事的道理吗？"老子就把嘴张开，让孔子看。孔子往嘴里看了一会儿，还是不明白老子什么意思，老子就说："你看，嘴里最坚硬的东西是牙齿，最柔软的东西是舌头，可是，等人老了的时候，牙齿都掉光了，舌头却还是那么溜滑溜滑的。这说明你越坚强，你在生活中越是处处争强好胜，那么，你越可能比他人早失败。而舌头很柔软，反而能够长久，这就是做人的道理。"

从林冲和洪教头的第一次见面，就可以看出，林冲和洪教头两个人性格不一样，林冲很谦卑，很讲礼貌，洪教头却不讲礼数。明眼人从这里基本上就能够看出谁输谁赢了。

而林冲能够取胜，除了他武艺高强之外，还在于他会用计谋。当时的林冲，身上有棒伤，脚上有水泡，能不能够打败洪教头，或许他自己心里都没有把握，所以，他决定以计谋取胜。他的计谋分4步：

1. 示弱在前

动物世界里，狮子要去吃羚羊、水牛的时候，都得首先把自己隐藏起来。林冲的第一条计谋，就叫"示弱在前，退避三舍"，他先推辞，说自己打不过洪教头，就是在向对方示弱。

2. 小心慎重

两人到了演武场，准备开始比试了。两人一个急，一个慢；一个大声喊"来来来"，一个低声说"承让承让"；一个是猎豹，一个是绵羊，但其实，装成猎豹的是个草包，看起来像绵羊的，却是猎豹。

> **大伟忠告**
> 伪装在前，永不言弃，卷土重来，后发制人，这正是英雄的品质。

3. 小败在前

古代兵法里有这么一句话："静如处子，动若脱兔。"意思就是，行军打仗，不动的时候要像深藏闺中的大姑娘一样安静，动起来就要像脱网的兔子一样跑得飞快。引申开来，也就是说不管干什么事情，都要先把自己稳住，然后再诱敌深入。毛主席也有一句话："敌进我退，敌驻我扰，敌疲我打，敌退我追。"说的也是这个道理。

林冲和洪教头交手了四五个回合后，便认了输，就是想先用小败麻痹洪教头，让他在得意之下露出破绽。

4. 敢打敢冲

有了林冲前三个计谋的铺垫，洪教头真以为林冲什么都不行，只知道退让，于是毫无顾忌地使出身上所有的劲，和林冲打。这样就露出了破绽，于是林冲看准机会，反败为胜。

林冲棒打洪教头，给我们的启示就是：面对强敌的时候，我们首先要处处谦让，要给自己留足余地；其次，示弱在先，退避三舍，让敌人使出牛劲；再次，小败在前，诱敌深入；第四，增大自己的正面力量，减少自己的负面要素；最后，等到自己羽翼丰满，能够和敌人决战的时候，要敢于斗争，勇争胜利，居高临下，势如破竹。这就是对待强敌的方法。

对付恐怖主义要以退为进

毛主席也看《水浒》,他对《水浒》是很有研究的,他说过这么一句话:"聪明的拳师往往是往后退一步。"就是说两个拳师对垒,聪明的拳师往往向后退一步,而愚蠢的人则气势汹汹,一上来就使出全部的本事,结果总是被后退者打倒。这就是《水浒》里林冲和洪教头比武的影射。毛主席非常佩服林冲的这个计谋,并且将从中得到的启示充分运用到他自己的战略思想中。

30年前,即20世纪80年代末,公安大学第一次把外国的警察专家请来讲课,请的是英国埃克塞特大学警察学研究所的所长比尔塔夫曼。比尔塔夫曼在黑板上写了个标题:"用毛泽东思想和恐怖主义做斗争"。大家一看,都乐了,原来外国人是用毛泽东思想来研究警察学的。

比尔塔夫曼不会说中国话,就接下来在黑板上写了4句话:"敌进我退,敌驻我扰,敌疲我打,敌退我追。"这是什么意思?"敌进我退",就是如果犯罪分子劫持了人质,他要什么我们就给什么,要车给他车,要飞机给他飞机;"敌驻我扰",犯罪分子稍微有所停顿,有所迟疑,我们就把部队调上去,还把犯罪分子的爸爸妈妈找来,劝他投降;"敌疲我打",双方势均力敌的时候,先不要盲目行动,和犯罪分子耗着,等他累了,锐气没有了,我们再进攻;"敌退我追",犯罪分子稍有退缩,我们就跟进一步,穷追猛打,绝不手软。就是说,和恐怖主义做斗争,也要先退后进,以退为进。你看,原来全世界的反恐工作,都是用毛泽东思想来做指导的。而这一精神,或许也源于《水浒》。

兵法中还有这么一个法则:"兵者诡道,能而示之不能,用而示之不用,近而示之远,远而示之近。"

什么是"诡道"？诡道就是欺骗，我是弱者的时候，就先要欺骗你，磨灭你的警惕性，让你慢慢骄傲起来，然后再战胜你。

警察在解救人质的过程中，也是这样。

有两个中国工人在巴基斯坦被绑架了，这两个人都会说英文。其中一个工人拼命跟绑匪说英文，在巴基斯坦，谁会说英文，谁的地位就高，绑匪一听这个人会说英文，就认为他是领导，就专门派人看着他。另外一个人也会说英文，可是他什么也不说，绑匪和他说话，他也"啊啊"地装听不懂，绑匪一看这情况，觉得他肯定就是一个打杂的，或者司机什么的，就放松了对他的看管。等到巴基斯坦的警察赶来解救他们的时候，警察在屋外一鸣枪，所有的绑匪都拥着那个会说英文的工人跑到屋里去了，这个假装不会说英文的人就"噌"地一下跑了。最后，那个会说英文的工人被绑匪虐待致死。

这就告诉了我们人质的"三十六计"：假痴不癫，不露锋芒，隐瞒身份，笑里藏刀，斗智斗勇，斗智为主，巧加伪装，金蝉脱壳，果断逃生。这些都是人生的大智慧。所以，当我们在对付强大的敌人的时候，可以先退一步，以退为进。

坚决不放弃斗争目标

林冲在洪教头使出全身力气后，看清了洪教头有几斤几两，然后猛然出手，绝不轻敌，这一招就叫"杀鸡用牛刀"。杀鸡本来用杀鸡的刀就行了，但他非要用一把杀牛的刀。

这一招对我们的生活也是有用的，我们学外语、上大学，或者干点别的什么事情，都能用到这一招。

我是77届的大学生,20多岁的时候才开始学英语,根本不知道该怎么学。当时我上大学,一个月的生活费就10块钱,我居然花了80块钱买了个录音机,又买了一盘《新概念英语(第二册)》的磁带,天天放着听,洗衣服的时候听,做作业的时候也听,就连和别人聊天的时候,都放着。反复听了好多遍,听得带子都断了,我就接上继续听。就这样,我一共接了6次,等到第7次断的时候,我突然想到:"我都会背了,我还接它干吗呀?"就这样,1985年我参加了一个英文考试,得了7分,当时我只知道那是英文考试,并不知道到底是什么水平的英文考试,20多年后我才知道,原来当年我考的是雅思。

这就说明了一个问题:伤其十指,不如断其一指。现在的孩子,学外语的条件太好了,今天换这个辅导材料,明天换那个辅导材料,就是不能集中精力去学习,所以,"杀鸡用牛刀"也好,磁带断了7次也好,都说明了这么几个问题:

◇ 目标要明确;
◇ 不随便换教材;
◇ 跟英文"死磕",非要战胜它不可;
◇ 听说读写全面展开。

最笨的办法往往是最好的办法,最笨的人做事时会"杀鸡用牛刀",从某种程度上也说明他是世界上最聪明的人。所以,不管做什么事情,只要选定了一个目标,就放弃其他选择,努力奋斗三五年,就一定能够成功。

前面讲过我的学生考研究生的事情,就是很好的例子。这两个孩子连续考了4年,一直都没放弃,终于考上了研究生,现在工作都非常好。可是,如果你考到第三年就放弃了,这就叫"行百里者半九十",等于前面三年都白考了。

大伟忠告

杀鸡用牛刀，坚决不放弃。

品味说话的艺术

林冲和任何人说话都很谦和，"洪教头，您先出手。""洪教头，我本事不够。""柴大官人，您看我今天肯定要输。"

在古代，中华民族是很高贵、很有文化的民族，中国古代的君子说话有十大定律：

第一条，语言要少，要迟。不是谁会说话，谁先说话，谁就有本事，有句话叫"水深流去慢，贵人语言迟"，就是这个道理。

第二条，事情可以做绝，话不可说绝。你看，洪教头很自大，对林冲说："你算老几，放马过来吧！"你可能真没什么本事，但是把话说绝了，就没有回转的余地了。林冲刚好相反，就是把事情做绝了。他嘴上说："哎哟，我对不起，我可打不过你。"却一棍子打在洪教头的踝骨上。

第三条，酒中不语。"酒中不语真君子，财上分明大丈夫。"

第四条，气头上不语。"忍得一时之气，免得百日之忧。"

第五条，熟人不语。越是大家熟，说话越要注意，这叫"生虎犹可近，熟人不可亲"。

第六条，邪事不语。"斗闹场，绝勿近；邪僻事，绝勿问。"类似找小姐、赌博之类的事情，都不去说。

第七条，戒秽污词。不说淫秽的东西，不说市井气重、很脏的黄段子。

第八条，戒轻诺。比如，如果有人要我帮他办什么事，我绝对不会对他说："行，这我能办，你放心，肯定包在我身上！"为什么

呢?"事非宜,勿轻诺,苟轻诺,进退错。"不能轻易对别人做出承诺。

第九条,戒话扰。别人不高兴的时候,不要老去和别人说话。"人不闲,勿事搅;人不安,勿话扰。"你得察言观色,看到别人想说话的时候你再说,人家不高兴的时候你不要说话。

第十条,戒揭短。"人有短,切莫揭;人有私,切莫说。道人善,即是善,人知之,愈思勉。"你要想跟别人交朋友,有个好办法,你就背地里说他两句好话,传到他耳朵里,他就会跟你交一辈子的好朋友。

这就是中国古代人说话办事的十大定律。

孔子有一句话说得很好:"刚毅木讷,近仁。""仁"是孔子思想的最高境界,只要你能够做到"刚毅木讷",你就能达到这个最高境界。"刚毅"就是不管做什么事情,都不后退,一步一步往前走,"木讷"就是不说话,一个人要是不说话,只是咬着牙往前走,就没有人能够战胜他。这就是孔子的智慧。

中国古代还有一本名叫《增广贤文》的书,里面也有很多精辟的话。比如"逢人且说三分话,未可全抛一片心"、"酒中不语真君子,财上分明大丈夫"、"是非只因多开口,烦恼皆因强出头"、"忍得一时之气,免得百日之忧",等等,都是教人怎么说话的。

听人说好话是一种享受,就像古人说的那样,"春听鸟声,夏听蝉声,秋听虫声,冬听雪声,白昼听棋声,月下听箫声,山中听风声,水涧听水声,不虚此生"。

像那些很难听的话,比如洪教头说的那些高傲、挑衅的话,比如两口子吵架的话,都是不好听的,这些话能免则免,最好不要说出口,这样既显示你的为人修养,也不会给你招来麻烦。

我们做家长的,有责任把这些说话的技能教给孩子,告诉他们要学精一点,让他们懂得为人处事的道理,这样孩子就会变得聪明一点，在说话办事上就都能有自己的规矩了。

知识链接

中国古代君子说话十大定律

1. 语言宜少宜迟；
2. 话不可说绝，事可做绝；
3. 酒中不语；
4. 气头不语；
5. 熟人不语；
6. 邪事不语；
7. 切戒秽污词；
8. 戒轻诺；
9. 戒话扰；
10. 戒揭短。

本课小结

- 有的人很低调，内心却很坚强；有的人很猖狂，内心却很虚弱。记住：凡是长角的动物，都是吃草的动物。
- 你在生活中越是处处争强好胜，那么，你越可能比他人早失败。
- 当我们在对付强大的敌人的时候，可以先退一步，以退为进。
- 不管做什么事情，只要选定了一个目标，就放弃其他选择，努力奋斗三五年，就一定能够成功。

女孩的防狼秘诀
——潘金莲红杏出墙

恶魔看上第一眼,
良家女孩会遭难。
苍蝇不叮无缝蛋,
斗智斗勇智为先。

别让犯罪分子第一时间"看上你"

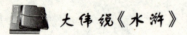

一见钟情事，失手打西门

有一天，潘金莲在家，想把二楼的窗户放下来，一失手把支窗户的竹杆掉了下去，不偏不倚正好砸在了楼下路过的西门庆的头上。西门庆一抬头，正准备破口大骂，却一下子看见从窗户探出头来的潘金莲，他一看见这么漂亮的女人，不仅不发脾气了，身子还酥了半边。

西门庆和潘金莲的第一个照面，就是一棍子打下来。英文里有一个短语叫"situational prevention"，用中文说就叫"情景预防"。就是说，犯罪分子欺负你，小偷偷你，骗子骗你，不是他想欺负你，想偷你，想骗你，而是你给了他这样的机会。因此，你一定要慎防恶人第一眼看上你，慎防色狼第一眼看上你，因为一旦他看上你，你就有可能有杀身之祸。

情景预防的招数之一，就是别让犯罪分子第一时间看上你。那么，怎么样才能防止被犯罪分子看上呢？那就是：不显弱，不露富，不出头。这是女孩们尤其要注意的。"不显弱"——女孩大晚上一个人走在街上，这是显弱的；"不露富"——你穿得花枝招展的，就容易被犯罪分子盯上；"不出头"——三四个女孩走在一起，犯罪分子一定会首先看上最喜欢嘻嘻哈哈的最出头的那个。

> **大伟忠告**
>
> 做好情景预防,别让犯罪分子第一时间看上你。

此外,犯罪分子欺负你,小偷偷你,骗子骗你,就是因为他看到了你身上的破绽。比如,一排10个窗户,小偷会偷哪家?他一定会找窗户擦得不干净的那一家,因为窗户不干净,多半是因为家里没人。这叫破窗理论,是犯罪学里很重要的一个理论。

有一个美国老师,他买了一辆崭新的汽车,却不上锁,直接放在大院的门口,然后在门上装了一个监控探头。他告诉自己的学生,这车放在大院门口,是绝对没有人敢来偷的。果然,过了很久,都没有人碰过这辆车。接着,这个老师用小铁锤砸坏了一扇车窗,说:"我给小偷一个偷车的信号,说明这辆车是没有人管的。你们注意看,不出10分钟,肯定有人来偷这辆车。"

于是学生们都盯着监控屏幕,看会不会真的有人来偷车。5分钟过去了,10分钟过去了,都没有人来偷。这个老师说:"信号不够,我再给点信号。"于是,他又拿锤子把另一扇车窗也打碎了。果然,过了5分钟,来了两个农民,他们一看这车这么破都没人管,就说:"咱们把半导体卸下来吧。"于是就动起手来。不一会儿,又来了两个农民,他们一看前两个农民正在卸半导体呢,就说:"咱们把车轱辘也卸下来吧。"

所以,你一定要明白,犯罪分子侵害你,不是他想侵害你,而是你给了他你可以被侵害的信号。比如说,一排阳台上都晾着衣服,犯罪分子会偷哪家?他一看,哪家阳台上只晾着女孩的衣服,他多

半会去偷那家。所以，如果你是妈妈，又独自带着一个女儿，老公不在家，你就找一两件你老公的背心裤衩，把它挂在阳台上，这样就能防小偷。

男女独处一室，不要超过 30 分钟

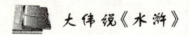

潘金莲出轨

《水浒》里有一男一女，叫潘金莲和西门庆。潘金莲是个大美女，西门庆是个大帅哥。有一天两人在王婆的家里喝酒聊天，喝着喝着，王婆一下子站起来，说："酒快没了，我出去买点。"说完就出去了，还把门从外面关上了。

屋子里就剩下了一个美女，一个帅哥。西门庆一看，时机到了，就用袖子把桌上的一双银筷子拂到地上，他弯下腰，假装去捡筷子，却一把抓住了潘金莲的脚。潘金莲"噌"地一下站起来，说："官人，你真的要勾搭于我吗？"

这是《水浒》里的一个片段，我这里还有一个王大伟版本的：西门庆一看时机到了，把筷子扫到地上，假装捡筷子，却准备去抓潘金莲的脚。潘金莲"噌"地站起来，说："我要回家。"西门庆说："好好地坐着，回家干什么？"潘金莲说："王大伟说过：'男女独处一室，不要超过 30 分钟。'"

记得我小的时候，每次出去玩，我的姥姥一定会反复叮嘱我注意看车，我嘴里"啊啊"地答应了，但实际上一句也没听进去。那

么,应该怎么教孩子才能让他真正接受呢?方法就在于你教给孩子的这句话要有操作性,就是让他真正知道该怎么做。

有操作性的话叫警语。比如在上面的故事场景中,潘金莲就应该学会一句警语:男女独处一室,不要超过30分钟。就是说,男孩女孩单独呆在一个屋子里,一定不能超过30分钟。如果你有一个女儿,一定要告诉她这条警语,你只跟她说:"注意啊,防着点小男孩。"多半是没什么作用的,因为这句话没有操作性,孩子听不进去,也记不住,你要是跟她说:"男女独处一室,不要超过30分钟。"她就记住了。

《水浒》里,潘金莲出轨了,她为什么会出轨呢?理由之一,就是她被西门庆看了一眼;理由之二,就是因为她不知道"男女独处一室,不要超过30分钟"这句警语。当然,这是一个导火索,根源在哪里呢?

我认为,根源还是在她的生活环境。

潘金莲是一个非常漂亮的女孩,《水浒》里形容她"眉似初春柳叶,常含着雨恨云愁;脸似三月桃花,暗藏着风情月意",如此漂亮的女孩,却有着非常悲苦的身世。

潘金莲就和白毛女喜儿一样,出身于贫下中农之家。几岁的时候就被送到了地主家当丫鬟,这个地主心肠歹毒,他看潘金莲长得漂亮,就培养潘金莲学习琴棋书画,想让她长大后当自己的二奶。潘金莲是个非常好的孩子,她知道了地主的想法,宁死不从。这个地主没有办法,就想了个最坏最坏的毒招来报复潘金莲。俗话说:"一朵鲜花插在牛粪上。"于是,这个地主就到处找"牛粪",最终找到了武大郎,他把潘金莲嫁给了武大郎,不仅不要武大郎给聘礼,还白给了武大郎一笔钱。

弗洛伊德认为,人的行为都是在圆儿时的梦。我们这一辈子干的任何事情,都是由于我们小时候的一个梦。想当官的人,也许是

《水浒》人生手册

小时候受了什么刺激；想发财的人，也许是小时候家里穷。他们的奋斗目标，都是为了圆儿时的梦想。

所以，潘金莲后来的举动，都是她童年和少年时痛苦经历的折射。

大伟忠告

> 弗洛伊德说："成人的行为都是在圆儿时的梦。"潘金莲的惊天举动，都是她童年和少年时痛苦经历的折射。

《水浒》里说武大郎"三寸丁，谷树皮"，是个侏儒，长得又很丑；而潘金莲却年轻貌美，有对幸福的渴望，对爱情的追求，有内心世界对命运不公的抗争。生活在这样的环境里，潘金莲的心理就扭曲了，体现出了反社会人格的特征。

正当潘金莲心灵扭曲的时候，武松出现了。虽然武松和武大郎是亲兄弟，但武松长得非常高大威武，和武大郎简直不像是一母所生。潘金莲一看见武松，就动心了。

大伟侃《水浒》

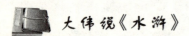

潘金莲借机诉衷肠

那一天，天下着大雪，武松下班回家，敲门叫"大哥"，门开了一看，是潘金莲开的门，武大郎不在家。武松问："嫂子，我大哥呢？"潘金莲回答道："卖炊饼去了。"武松就说："这么大的雪，你还让他出去卖炊饼啊？"潘金莲一笑，说："我不仅让他卖炊饼去了，平时我都焙一笼炊饼让他去卖，今天我焙了两笼，他这一时半会儿还回不来呢。"武松听了，心里就有点不高兴了。

武松拿着铜筷子在火盆旁边挑火,好让火苗子出来,这样屋子就更暖和了。潘金莲把酒菜准备好,对武松说:"叔叔,咱俩先吃吧,你哥哥且不回来呢。"说着说着,就趁势摸了一把武松的肩膀,说:"哎呀,叔叔,这么冷的天,又下着大雪,你怎么也不穿个羽绒服什么的呀?你看你就穿个小坎肩怎么行呢?"武松见潘金莲动手动脚的,心里就更不舒服了,就自顾自地拨弄火盆,也不说话。

潘金莲就一把抢过武松手里的铜筷子,说:"叔叔,你不会撮这个火,让我来吧。"她一边说一边弄,"噗"地一撮,火苗一下子就蹿上来了。潘金莲就说:"我们要是能像这盆火一样热,就好了。"这其实就在挑逗武松,到这个时候,武松心里就明白七八分了。

接着,潘金莲拿起酒杯,倒了一杯酒,自己喝了一半,然后递给武松,说:"你若有意,吃我这半杯残酒。"武松一把夺过酒杯,将酒泼在地上,又将潘金莲推开,说:"嫂子,你别这样不知羞耻,我武松可不是那种猪狗不如的人!你要是老这样的话,我武松认得你,可我这俩拳头,却认不得你!"

• • • •

潘金莲挑逗武松,向他示爱,武松应该怎么办呢?我认为回避或假装,都是很好的方法,比如一看潘金莲去拿酒去了,自己偷偷走了,要不就假装去上厕所,或者假装耳聋,没有听见潘金莲说的话。可是武松是《水浒》里的大英雄,他做得非常光明磊落,直接就把话挑明了,他骂了潘金莲,让她死了这条心。

武松这样做对不对呢?在中国古代,叔嫂之间是一点暧昧关系都不能有的,古代最重要的是"孝",然后是"悌",叔嫂之间是坚

决不能够有任何不文明的行为的。所以,在那个社会,武松做得非常对。但是,在现代社会,这样做就不一定合适了。

如何防止职场性骚扰?

现实生活中,有的女孩经常遇到职场性骚扰,这种骚扰有4个层级,一是眼神,二是语言,三是动作,四是短信。老板老拿色迷迷的眼神盯着你看,你就要注意,不接老板的眼神;老板经常说"想你想断肠",你不去接他的茬;老板对你动手动脚,摸你的头发什么的,别去答理他;老板经常给你发黄段子,你千万别回,他一口气给你发了5个段子,你实在是不能忍了,回了一个,这就中了他的计了。

眼神、语言、动作、短信,都是现在职场性骚扰里面的问题。我们该怎么办呢?要坚决地抵制,要行得正,做得正,坚决不去接他的眼神,不中他的计。实在抵制不了,怎么办?所有的女孩一定要记住,惹不起老板的话,也不要和他正面冲突,老板上面还有老板,你去找大老板说说情况,实在不行,宁愿自己炒老板的鱿鱼,也不能让他得逞。

大伟忠告

职场性骚扰有4个层级,一是眼神,二是语言,三是动作,四是短信。

我在很多国家念过书,我将很多国家的女孩做了个比较,曾经写过一篇文章,题目叫《中国、日本、韩国、英国、芬兰女孩的比较》。

你看过《大长今》吧,从那里面就能看出,韩国女孩都非常美丽，穿得干干净净的，又非常贤淑，总是笑不露齿。

我在日本念书的时候，发现日本女孩好多都是不上班的，早晨起来，外面在下雨，她穿着和服，打着一把伞送丈夫去上班，那情景，就是一幅画、一首诗，晚上又打着伞去接丈夫回来，总是那么干干净净、漂漂亮亮的。

英国女孩呢？有这么一个词，叫"British female secretary"，就是"英国女秘书"，英国的女秘书大多都一头短发，穿着小西服，非常干练，不管老板让她做什么，她都能办好，而且不该说的话从来不说。

芬兰的女孩更美。芬兰是世界上女权主义最盛行的国家，总理、部长，好多都是女性任职的。我在芬兰进修的时候，有一次胃疼，去医院看病，看见我前面坐着一个非常漂亮的芬兰女孩，她看我特别难受，就问我怎么了，我不会说芬兰语，她就用英语和我聊天。聊着聊着，就排到她了，她对我说："先生，我不看了，您的胃这么不好，您先去看吧。"我说："那怎么行？你都排了那么长时间的队了，还是你去吧。"那个女孩进去了大概有六七分钟，就出来了，她对我说："先生，我没看病，您不会说芬兰语，我就帮您把您的症状都和医生说了，您进去看吧。"

最后说说我们中国的女孩，也是很美丽的。中国的女孩知书达礼、文化素养高，又能够自立自强，虽然没有雨中送老公去上班的闲情逸致——因为她们自己也得去上班，但她们对人也是温柔体贴的，是很会替人着想的。

所以，世界上各个国家都有美丽的女孩子。日本女孩是樱花，礼貌、谦让、整洁、秀气；韩国女孩端庄秀丽、贤淑大方；英国女孩彬彬有礼、稳重干练；芬兰女孩体贴细致，阳光灿烂；而我们中国女孩也是自立自强，温柔体贴。

美丽的女孩像朵花，尽管娇艳，却不能柔弱，一定要学会保护

自己。

遇到色狼怎么办?

郑州有一家晚报做过一个调查,记者问了 12 万个女孩在生活中有没有遭到过性骚扰(这些女孩都是匿名的),其中居然有 8 万女孩都说自己在生活中遇到过性骚扰。你看,8:12,是一个多么大的比例啊。

对于我们家长来说,生个女孩就像得了块宝贝似的,所以一定要好好地教育她。

有这么一首歌谣,是家长教给女儿的秘密:

> 小熊小熊好宝宝,
> 背心裤衩都穿好,
> 里边不许别人摸,
> 男孩女孩都知道。

我认识一个记者,他有一个两岁大的女儿,他的手机铃声就是"小熊小熊好宝宝,背心裤衩都穿好",他就是这样教育他的女儿的。

除了这首歌谣,女孩还应该知道遇到色狼怎么应对。英国人有一招是这样的:

你走在街上,如果回头看见后面有一个男的尾随你,你马上走到马路对面去,如果他跟着你走过去了,你就再走回来。这样做的目的是判断这个男的是不是真的跟着你。因为你不能一看见有个男人在后面跟着你,立刻扭头就跑,你要先看看他是不是真的色狼,如果是,你再逃命也不迟。

当然,中国人对付色狼也有一招,叫"二龙戏珠"。女孩们都要注意,如果你外出遇到色狼了,逃命不一定是最好的办法,跑得没有他快怎么办?越是没办法的时候,你越要示弱,让他靠你靠得越近越好,然后猛地一回身,抓一把土,一下子扬到他的眼睛里边去,迷住他的眼睛,再跑。

有一次我去医院抽血,护士一下子就认出我来了,问我是不是教"二龙戏珠"的那个人。她对我说她的女儿在上护校,每天晚上都要值夜班,她不放心,就要她女儿学学"二龙戏珠",她的女儿一撇嘴:"这都是过时的东西了,我不学。"妈妈问:"怎么过时了?"女儿说:"你看啊,现在到处都是水泥地了,哪里还有土啊!"第二天,她就给女儿一个纸包,说:"你不是说没有土吗,我给你装了一包生石灰粉。"

还有一招也很管用,就是用膝盖猛地去顶他的裆部。比如你先来个"二龙戏珠",然后再飞快地顶他的裆部,保管你百战百胜。这些都是妈妈教给女儿的秘密,每个家长、每个女孩都要学会。

❈ 本课小结 ❈

● 犯罪分子侵害你,多半是因为你给了他你可以被侵害的信号,所以,一定要防止犯罪分子第一时间看上你。

● 家长教育孩子,一定要用带有操作性的警语,让孩子真正知道该怎么做,这样才能达到预期的效果。

● 给孩子一个良好和谐的家庭环境,用正确合理的方法引导孩子,这样才能保证孩子健康平安地成长。

● 面对性骚扰,女孩不要害怕,也不能妥协,要学会用巧方法保护自己。

第六课

维权需要谋定而后动
——武大郎惨死

捉奸切勿高声叫，
依靠群众最重要，
弱者忍耐等时机，
慎防西门庆的脚。

西门庆家里是开生药铺的,他就相当于现在卫生局指定的大药房的董事长。他28岁,外倾型的性格,属于多血质。他身材高大,功夫了得,却油头滑脑,心术不正,整天就想着搞些第三者插足、包二奶之类的坏事。俗话说:"色字头上一把刀。"要是你老是去想情色的事情,将来一定会死在这上面。

知识链接

心理学上把人的气质分为4种类型:胆汁质(兴奋型)、多血质(活泼型)、黏液质(安静型)、抑郁质(抑制型)。这种分类法源于古希腊医生希波克拉底提出的"四体液学说",他认为气质取决于人体内的四种液体,即血液、黏液、黄胆汁、黑胆汁的混合比例,并根据占优势的液体而把人的气质分为多血质、黏液质、胆汁质、抑郁质。虽然这种体液说缺乏科学依据,但这4种气质类型的名称却得以沿用,而且人们在日常生活中确实能观察到这4种气质类型的典型代表,其特点如下:

多血质:活泼、好动、敏感、反应迅速、喜欢与人交往、注意力容易转移、兴趣容易变换,等等。

胆汁质:直率、热情、精力旺盛、情绪易于冲动、心境变换剧烈,等等。

粘液质:安静、稳重、反应缓慢、沉默寡言、情绪不易外露,注意力稳定但又难于转移,善于忍耐,等等。

抑郁质:孤僻、行动迟缓、体验深刻、善于觉察别人不易觉察到的细小事物,等等。

西门庆和潘金莲只是见了一面,那后来他们是怎么勾搭到一起的呢？罪魁祸首是王婆。王婆是个小业主，兼做媒婆，但她这个媒婆不正经，她不单去保正常的媒，还时不时帮人家搞点第三者插足之类的事情。用现在的话说，在潘金莲这个案件中，王婆就是教唆犯，她教唆一对年轻男女搞婚外恋，不仅教唆，而且还出谋划策，从这个意义上说，她才是最坏的。所以，对王婆这种人，在生活中我们也要提高警惕。

王婆是怎么安排的呢？这就是我们下面的故事：

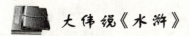大律说《水浒》

王婆十计

《诗经》有云："关关雎鸠，在河之洲。窈窕淑女，君子好逑。求之不得，寤寐思服。悠哉悠哉，辗转反侧。"西门庆自从见到了潘金莲，整天就魂不守舍的，晚上翻来覆去睡不着。第二天，他就在潘金莲家的窗户下转来转去，王婆看见了，就问他怎么老在这里转悠，西门庆连忙说："干娘，快救救我吧。那是谁家的老婆啊，我看上她了，都得了相思病了。"王婆想了想，就说："你去买一匹白绫、一匹蓝绸和一匹白绢，再给我准备十两上好的棉花，我来做件寿衣。我想了条对策，有十步，分别是'有兴趣、答应做、答应来、不动身、唠家常、安排饭、单独处、同桌吃、外关门、脚上摸'，帮助你引潘金莲上钩。"

王婆先找来潘金莲，说："哎呀，娘子，有个大官人送了我一套寿衣，你愿不愿意帮我做呀？"潘金莲说："我愿意啊。"王婆又说："你要愿意的话，我们这两天就做，行不行？"潘金莲说："行啊，没问题，我这两天就可以做。"王婆说："你们家地方太小了，不好做，你能不能到我这茶馆里来做啊？"潘金莲也

答应了。

潘金莲到了王婆的小茶馆,王婆把西门庆也请来了,两个人见了面。王婆对潘金莲说:"这位大官人就是舍给我寿衣的好心人。"潘金莲看见西门庆来了,也不起身回避,还在那里坐着不动。西门庆见此情形,内心更有把握了,就上前和潘金莲说话,偏巧潘金莲也是个爱说话的人,就和西门庆家长里短地聊开了。

聊了一会,王婆就说:"你们俩,一个送我寿衣,一个帮我做寿衣,都是大好人,我要请你们吃饭。"于是,就出去买酒菜,让潘金莲和西门庆单独呆在一个屋子里,两人不说话了,西门庆只是盯着潘金莲看,潘金莲偷偷瞄了西门庆几眼,又低下头做针线活。

不一会儿,王婆回来了,三个人就一边吃喝,一边聊天,气氛非常好。又过了一会儿,王婆起身说:"呀,没有酒了,你们在这等一会,我再出去买点酒。"说完,就转身出了门,然后悄悄从外面把门锁上了。

西门庆一看,时机到了,就用袖子把桌上的一双银筷子拂到地上,他弯下腰,假装去捡筷子,却一把抓住了潘金莲的脚。潘金莲"噌"地一下站起来,说:"官人,你真的要勾搭于我吗?"西门庆一下子就跪下了,说:"娘子,我很喜欢你啊,你就和我好了吧。"就这样,两个人就勾搭在一起了。

你看,当恶人欺负你的时候,坏蛋算计你的时候,他是绝不会轻易出手的,他一定是有预谋的,一步一步都计划得非常周密。所以,我们在防范犯罪分子的侵害的时候,也应该有自己的防范预案,凡事都要防范在先。

如何应对突发灾祸?

英国和法国之间有一个海峡叫英吉利海峡,海峡地下有一条海底隧道(Channel Tunnel)。坐船横渡这个海峡要 6 个小时,可是从海底隧道坐火车只需要 1 个小时。这条隧道虽然为人们提供了便利,可是它是修在海底的,要是里面着火了,谁也救不了。那么,该怎么办呢?这就需要有应急预案。

我曾去过英国肯特郡的警察局,那里面放了一个像柜式空调一样的大铁柜,铁柜里放了 100 个纸包,他们管这叫对策纸包。那里的警察打开一个纸包给我看,我看见纸包里写了"煤油"两个字,就问他这是干什么用的,他说:"你知道吗?隧道里要是着了火,是没办法救的。如果一着火,你闻到有煤油的味道,怎么办?赶紧打开这个纸包,煤油有哪些特性?怎么自救?如果煤油起火,如何灭火?谁是这方面的专家?所有相关信息都写在这里了。"我又问他为什么不存在计算机里,他回答道:"存在计算机里不行,万一着火了,计算机打不开怎么办?有时候计算机中了毒怎么办?所以,还是写在这上面最能够以防万一。"

所以,我们居家过日子,也要准备一些对策纸包,要时刻想想,如果家里出现了什么危险,应该如何应对。

西方的被害人学里有一句话:"4% 的人承受了 40% 的侵害。"就是说,越是女性、小孩、老年人,越容易被侵害。比如说,犯罪分子要侵害我比较困难,我妈妈 80 岁了,那就是犯罪分子的重点侵害对象。我经常看见我妈妈的兜上一道一道的全缝的是白线,这都是她出门买菜的时候被小偷割的,为什么小偷专门割老太太的包?因为老太太是弱势群体,追不上他,打不过他,这就叫吃柿子专拣软的捏。所以,如果你是被侵害的对象,一定要有防范意识,女孩、

小孩、老人，都要注意做好应急预案。

> **大伟忠告**
>
> 4%的人承受了40%的侵害。越是女性、小孩、老年人，越容易被侵害。

远离犯罪侵害的5个要诀

"五蝠捧寿"就是五只蝙蝠围着一个"寿"字，如果你把这"五蝠"做到了，你这一辈子就大福大寿了。

五蝠之一：心防

遇到任何事情多一个心眼。我们来做一个测试，假如一个女孩一个人背着个大包袱，站在济南火车站，想要坐去北京的火车，这时候，旁边突然出现了一个帅哥，他对她微微一笑，说："小姐，我可以帮你拿行李吗？"这时候这个姑娘应该怎么办？

这时候，有警惕性的人会对他说："谢谢，不需要。"这是答案A。

有的人防范性差一些的，一般就会说："哎哟，好呀，咱俩一块走。你是济南人吗？也是去北京吗？一起走吧。"这是答案B。

A、B这两个答案相比较，当然选择A。但是，我还有一个更好的答案C："谢谢，不用了，我先生上厕所去了，马上就回来。"这样，小偷就不会再把你当成下手的目标了。

这就叫"不怕小偷偷，就怕小偷惦记着"，所以我们一定要给小偷一个"不偷你的理由"。

在这个测试中，女孩婉言拒绝了要帮她提行李的人，这就是心防。心防比什么都重要，女孩一定要有脑子，要多这么一根筋。

> **大伟忠告**
> 遇到任何事情多一个心眼，要学会"给小偷一个不偷你的理由"。

五蝠之二：时间

你知道一年有几次犯罪高峰吗？

> 平平安安三月三，
> 四月五月往上蹿，
> 夏天多发强奸案，
> 冬季侵财到峰巅。

现在，春节的时候其实犯罪最少，有一个节气叫惊蛰，雷一打害虫都醒了，犯罪分子也蠢蠢欲动。五月之后最多的犯罪案件就是强奸案，因为这时候女孩子穿得少，可以用"瘦、露、透"来形容，最容易遭到性侵害。而秋冬时节，就是侵财高峰，是盗、抢、骗的案子频发的时候。

> **大伟忠告**
> 夏天多发强奸案，夏天女孩子穿衣服的特点是"瘦、露、透"；冬天寒风一刮，那就是盗、抢、骗。

五蝠之三：空间

我们总以为没有人的荒郊野地很危险，但其实案发频率最高的地方不是荒郊野外，而是在我们附近，是我们住的小区里、常经过的路上。家长一定要注意，学校与周边地区、孩子上学放学的路上，也是危险的空间。

> 学校不是安全岛，
> 大灰狼要细查找。
> 安全距离十五米，
> 发现危险拔腿跑。

家长要告诉孩子什么是安全距离：天黑人少的时候要与人保持15～30米的距离，平时也要与陌生人保持距离，尽量靠近父母与老师。

五蝠之四：氛围

我要告诉你一句话："性侵害案件有70%是熟人所为。"还有一个公式，叫"警惕性公式"，即人的警惕性和信任程度以及熟悉程度成反比，就是说你越尊敬对方，你对周边的环境越熟悉，你的警惕性就越低。所以，女孩们一定要记住，当鲜花、音乐这些浪漫的东西出现的时候，当你身处五星级宾馆的时候，一定要注意自己可能会遇到的潜在危险。

比如说故事里的潘金莲，她在王婆家遇到西门庆，后来甚至有和西门庆独处的机会，如果潘金莲是有脑子的人，她应该起身就走，说："干娘，我不在这儿做了，我回家做。"也就不会有后面的事情发生了。

五蝠之五：技能

所有女孩都要有防范的技能。前面讲过"男女独处一室，不要超过30分钟"，这就是一个技能。还有，对小孩而言，"不和陌生人说话"也是一个技能。

> **大伟忠告**
> 谨记"五蝠捧寿"，个人防范要做好。

 大伟侃《水浒》

武大郎遇害

武大郎的朋友乔郓哥发现了潘金莲和西门庆的奸情，就告诉了武大郎，武大郎听了之后非常气愤，决心去找西门庆算账。他和乔郓哥商量好了，等看到西门庆和潘金莲两个人在一起的时候，就冲进去维护自己的权利。

乔郓哥躲在一旁侦查，武大郎挑着炊饼担子，在王婆家附近来回转，等待时机。乔郓哥看了半天，觉得时机成熟了，就和武大郎一起冲了上去。王婆正好在门口想拦住他们，乔郓哥用脑袋一下子顶住王婆的肚子，把她顶在墙根，武大郎就拿起扁担，喊着"武大来也"，一下子冲了进去。

潘金莲和西门庆都吓坏了，西门庆急忙想往床底下钻，潘金莲在束手无策之际，突然说了一句话："哟，你平时老说自己拳脚功夫多么多么好，怎么看见武大郎那个纸老虎拿个扁担冲进来，就吓成这样呢。"潘金莲一句话，倒提醒了西门庆，正好

这时候武大郎拿着扁担冲了进来,西门庆飞起一脚就踢在了武大郎的胸口上,都没怎么使劲,就把他踢倒在地。武大郎挨了这一脚,受了重伤,口吐鲜血,脸色一下子变得惨白惨白的。

武大郎回到家后,躺在家里求生不得,求死不能,眼看着身体一天不如一天。而潘金莲每天晚上都打扮得漂漂亮亮的去和西门庆约会,武大郎看在眼里,恨在心里,就把潘金莲叫过来,说:"你出去幽会我也不说什么了,可你别忘了,我有一个兄弟,他是打虎英雄,他要知道你这样对我,是不会放过你的。你要从此好好服侍我,这事就算了,要不然,我一定告诉我弟弟,让他帮我出这口气!"

潘金莲一听,吓坏了,连忙把这话告诉了西门庆和王婆,于是,三人定下毒计,要杀害武大郎。

潘金莲拿着西门庆给的砒霜和一包治疗内伤的药回到家,坐在武大郎床头哭哭啼啼地说:"你不要怪我,我这也是被他们骗了,才做错了事情。你看,我给你买了药,我会好好服侍你的。"武大郎接过药,说:"我现在想睡一会儿,你半夜再起来喂我吃药吧。"

夜深了,武大郎家的厨房里,"咕嘟咕嘟"炖着一大锅东西,不是鸡,也不是鸭,而是一锅麻布。这是潘金莲在为杀害武大郎做准备,这麻布是用来擦武大郎的血的。

一切准备妥当之后,潘金莲就问武大郎把药放在哪里了,武大郎说:"在我的枕头底下呢。"于是潘金莲把药拿出来,调上事先准备好的砒霜水,就扶起武大郎给他喂药。武大郎喝了一口,皱着眉头说:"哎呀,太苦了。"潘金莲在一旁劝道:"良药苦口利于病,忠言逆耳利于行。你就喝了吧。"一边说着,一边就一下子把药给武大郎灌了下去。不一会儿,武大郎就觉得五脏六腑疼痛难忍,叫唤起来,潘金莲就拿了一个枕头、一床被子，捂在武大郎身上，把他弄死了。

• • • •

面对妻子被别人调戏，每个男人的表现是不一样的。比较一下林冲和武大郎，林冲的妻子被别人调戏的时候，林冲虽然也很愤怒，但一看对方是领导的干儿子，就忍下了这口气。相比之下，武大郎明知道自己不是西门庆的对手，却丝毫没有退让，而是拿起扁担，高喊一声："武大来也！"猛地冲上前去。不管武大郎的长相和身高如何，他一心维护自己的尊严，这是值得我们尊重的。

弱者维权的两个注意事项

尽管武大郎有维权的意识，但他有勇无谋，在自己的维权经历上，犯了两个致命的错误，一是维权的方式不对，第二是病痛之时说了狠话。从他维权的失败中，我们也看到了弱者在维权之时应该注意哪些方面。

正确的维权方式

武大郎的维权小分队只有他和乔郓哥两个人，他俩都是身高不到1米5的小个子，而对方是身材高大的西门庆，两相比较，敌我力量不对等，武大郎明显处于劣势。而且，武大郎只凭一时冲动就冲了进去，在毫无防备的情况下被西门庆一脚踹在胸口，这才受了重伤，求生不得，求死不能。

那么，在现实生活中，当遇到对方很强大，我们自身力量薄弱的情况时，应该怎么去维权呢？

第一，等"武松"回来再说。

第二，不要冲动，先悄悄把证据搜集起来。留证据也是一门学

问,凡是性侵害案件,都要讲证据,像毛发、精斑、体液、抓痕等现场遗留物都是证据。

有个农村女孩,在草垛里被犯罪分子欺负了,完事后犯罪分子起身就跑,女孩就在后面追,正好前面有两个警察在巡逻,就把犯罪分子抓起来了。女孩就说:"他欺负我。"犯罪分子说:"你说我欺负你了,你拿出证据来!"女孩说:"你摸摸自己兜里有什么。"犯罪分子一摸,兜里有一把草。原来这女孩当时情急之下,想不到别的办法,就在草垛里抓了一把草放在犯罪分子的兜里,这样,在草垛里准能找到现场遗留物。

这一招就叫留下个人标记。

第三,也可以打110,让公安机关来帮助你。

所以,在现实生活中,一旦我们遇到维权问题,既可以等待自己的亲人回来,也可以暗中搜集证据,还可以找公安机关去介入,也就是说,自己先暗中把证据留好,等待时机成熟再去维权。

维权要注意方式方法,不要冲动,搜集证据很关键。

避免刺激犯罪

武大郎重病在床的时候,对潘金莲提到了自己的弟弟武松,并且还威胁潘金莲说武松一定不会放过他们,这肯定是不对的。我们说,事可以做绝,话不能说绝,正是武大郎的这句话刺激了潘金莲,才招来了杀身之祸。

事可以做绝，但话不能说绝。

武大郎用生命换来的血的教训是什么？如果我是弱者的话，就一定要斗智斗勇，如果我不如犯罪分子勇，那就一定要有智慧。武大郎正是由于智慧不够，最后才惨遭杀害，冤死了。

❈ 本课小结 ❈

- 4%的人承受了40%的侵害。所以，我们每个人心里都要有防范意识，凡事都要做好应急预案。
- 人的警惕性和信任程度以及熟悉程度成反比，就是说你越尊敬对方，你对周边的环境越熟悉，你的警惕性就越低。
- "五蝠捧寿"是个人防范最重要的要诀，如果你把这"五蝠"都做到了，你这一辈子就大福大寿了。
- 维权要注意方式方法，尤其对于弱者而言，不能莽撞，必须要依靠智慧，才能成功维护自己的利益。

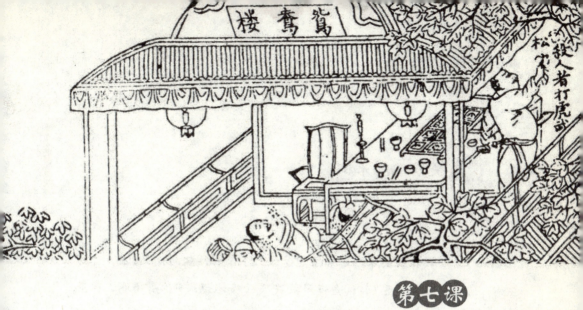

第七课

冲动是魔鬼，遇事要冷静
—— 武松为兄报仇

自古武松真英雄，
为兄报仇鬼神惊。
今天遇事要冷静，
分清大勇与小勇。

大伟说《水浒》

武大郎托梦

武松回到家,看见潘金莲披上了孝衣,就问:"嫂子,你这是给谁戴孝呢?"潘金莲假装哭哭啼啼地说:"你哥哥啊,他死了。"武松一听,犹如晴天霹雳,他急忙问潘金莲:"嫂子你先别哭,我哥哥什么时候死的?他得的是什么病?吃了哪个医生开的药?"潘金莲一边哭,一边回答道:"你上次走了有十一二天的样子,你哥哥就突然说心口疼,病了八九天,吃什么药都不管用,就这么死了。"武松又问:"我哥哥从来没有心脏病什么的,怎么会心口疼呢?"这时候,王婆走过来说:"都说'天有不测风云,人有旦夕祸福',谁也不能保证自己一辈子不生病啊。"

武松愣了许久,就进了哥哥的灵堂,为武大郎守灵。他心里特别难过,总是在想自己的哥哥是不是被人害死的。想着想着,天都快亮了,武松在似睡非睡、似醒非醒之际,突然在心里说:"哥哥,你要是有冤屈,就给我表示表示,我一定帮你报仇雪恨。"武松刚说完这句话,就觉得眼前一亮,那两支蜡烛的火苗"嘭"的一声一下子蹿得老高,只见从灵床底下钻出来一个人,说:"兄弟,我死得好苦。"武松一下子睁开眼睛,揉揉眼睛再一看,却不见有人在眼前了。武松就想:"刚才这个到底是不是我在做梦呢?肯定不是,看来我哥哥肯定是含冤而死的。正是由于我刚才的一股神气,才冲散了他的魂魄。"

我认为，武松遇到的事情很可能是他做的一个梦。在这里，我要介绍一点弗洛伊德关于梦的解析理论。

梦境与现实——潜意识里的犯罪

弗洛伊德研究了一辈子的梦，写了本书叫《梦的解析》，里面介绍了好多梦和现实的关系。

有这么一个真实的事例：

> 有一个小伙子和别人合租了一套房子。和他合租的这个人一身横肉，胳膊上还纹了一条龙，经常带着一个女孩子回家。这个小伙子每次看见隔壁的这个人带着女孩子回家，心里就害怕，总觉得会有事发生。
>
> 有一天晚上，这个小伙子睡觉做了个梦，梦见那个女孩被杀了，而且被肢解了，就藏在隔壁那个人的床底下的脸盆里。他醒来以后，吓得心惊肉跳的，总在想这个事情是不是真的。
>
> 此后的几天，他看见隔壁的人总是一个人回来，却不见那个女孩了，他就更怀疑这个梦是真的了。有一天，他就趁隔壁上厕所的空隙，冲到他的屋子里，按照梦里的景象果然从床底下找到一个脸盆，拉出来一看，那个女孩真的被大卸八块放在这个盆子里了。

有一句俗语叫"日有所思，夜有所梦"。这个小伙子其实已经在潜意识中根据生活中的经验分析了很多，他知道那个女孩是被迫进这个屋子的。所以，即使是一个看起来和现实生活八竿子打不着的梦，也是和现实世界有千丝万缕的联系的。

可能弗洛伊德关于梦的解析的理论有些令人费解，相比之下，弗洛伊德关于犯罪学的理论就比较容易理解了。

被压抑的"本我"——如何防止青少年犯罪？

弗洛伊德认为，人的性格分为三个东西，分别是：id、ego、superego，也就是"本我"、"自我"、"超我"。

"本我"就是一个人潜意识的状态，是人最原始的、属于满足本能冲动的欲望，如饥饿、生气、性欲等。每个人身上都有这种发自本能的冲动。比如说如果你和别人撞了车，你可能拿出刀来把别人捅了，这种行为就是"本我"驱使的。

"本我"之上，还有个"自我"，也就是我们常说的道德规范、行为准则。在"本我"想要爆发的时候，"自我"把它压住了，一阴一阳两相平衡，就抑制了你想用刀去捅人的想法，确保你远离犯罪。

此外，为了防止你犯罪，还有个"超我"，即"自我"发展的最高阶段。两座冰山覆盖着火山，双重保险不让你犯罪。

犯罪分子犯罪的原因就是阴阳不平衡，"自我"的成分太多，以致冲破了"本我"和"超我"。这就是弗洛伊德犯罪学的精神分析的一种理论。

现在，青少年犯罪是世界性的问题，而校园暴力是青少年犯罪中最突出的一种行为。在国外，有很多校园枪击事件，都是青少年所为，而受到侵害的，也往往都是青少年学生。我在英国读书的时候，每到夜晚，街上都有好多留着"朋克头"的"孤魂野鬼"，他们四处游荡，到处打、砸、抢，这几乎成为他们犯罪的主要形式，也是当地警察最头疼的事。

我认为，青少年犯罪的原因，在很大程度上都应该归咎于网络游戏。现在好多孩子都沉迷于网络，现在有的人管网络成瘾叫"电子海洛因"，它就像毒品一样，会侵蚀很多年轻人的灵魂。现在很多网络游戏都设计得特别精彩，很容易就把人吸引进去了，一旦孩子被吸引进去之后，就面临着一个成瘾的危险，一旦成瘾了，就什么都不顾了。

> 白天想它夜想它，
> 上网时间天天加，
> 下网心里空刷刷，
> 摆脱烦恼全靠它，
> 丢了朋友不顾家，
> 攒点钱都为它花。

而这些游戏里面，充斥着血腥暴力的东西，不但让孩子上了瘾，也扭曲孩子的心灵，刺激了孩子本该被约束的"本我"，就容易造成孩子的人格障碍，进而产生犯罪行为。

英语里关于预防犯罪有这么一个词：family policy，就是"家庭教育"。什么样的家庭里的孩子容易犯罪呢？或者说我们教育孩子的时候，怎样从家庭的角度入手呢？

美国人经研究发现，有4类家庭的孩子容易走上犯罪道路。

忽视的家庭

爸爸妈妈很忙的，不管孩子的，比如从事老师、警察等职业的家长，有时候忙得连家里的孩子都顾不上。还有外交官，别看外交官在国外挺风光，可是很多外交官的孩子都不成器。所以，大家一定要记住，不能忽视孩子，一定要多花心思在孩子身上。

冲突的家庭

冲突的家庭是指家里一天到晚吵架的家庭。爸爸妈妈老吵架，特别不利于孩子的健康成长。

分裂的家庭

分裂的家庭就是单亲家庭，爸爸妈妈可能离异了，也可能其中有一个很早就去世了，这样的家庭，好多孩子都没有出息。

犯罪的家庭

家里的爸爸妈妈有一个是罪犯，那么这个孩子将来也有可能走上犯罪的道路。

所以，家长一定要注意，如果自己的家庭出现了类似的情况，夫妻双方一定要想办法解决，要为孩子营造良好和谐的成长环境。此外，也要注意控制孩子的上网时间，不要让孩子被网瘾所误。

> **大伟忠告**
> 性格比较内向的、学习成绩比较差的、自控能力不够强的孩子，往往容易养成网瘾，难以自拔。

青少年犯罪理论中有一个犯罪学名词——"飘移论"。就是说教育孩子就像打台球一样，一杆子打出去，他可能飘到这边，也可能飘到那边，"时而升腾于天堂的门口，时而堕落于地狱的边缘"。其实，并不是孩子自己想当罪犯，或想当好人，很多时候，孩子的成长发展和家长的教育方法有很大关系。所以，当孩子犯了错误的时候，你不要一味地去埋怨他，而是要有耐心，要像医生对待病人、老师对待学生一样，帮助他分析问题的根源，把他引上正道。

> **大伟忠告**
> 家庭的环境，家长的教育方法，对孩子健康平安地成长很重要。

大伟侃《水浒》

何九叔藏骨

得知哥哥死讯的第二天，武松找到了当地的法医何九叔，询问武大郎的死因。何九叔就给了武松一包银两和两块黑色的骨头，这是怎么回事呢？

原来，当天武大郎死后，西门庆在何九叔验尸之前，秘密给了他十两银子，要他帮忙作假。何九叔到了现场一看武大郎的死状，就知道是被毒死的。但是对方是西门庆啊，势力太大了，自己斗不过他，于是就心生一计——假装抽风。他在那里勘察现场，突然"哎呀"一声仰倒在地，抽搐了一阵，就没知觉了。大家一看这情况，赶紧找来一个门板，把何九叔抬回家了。他老婆一看，一下子就哇哇大哭起来，等到旁人都走光了，何九叔坐起来说："你别哭了，我是装的。我刚才去看了武大郎的尸体，他七窍流血，脸都是黑的，肯定是中毒了。武大郎的老婆一看就不是个正经人，听说和西门庆有奸情，我哪里斗得过他们啊，只好假装抽风了，回头我再去想办法。武大郎有个弟弟叫武松，是个打虎英雄，他要知道了这事，肯定要报仇的，我得先留点证据以防万一。"

潘金莲怕武松回来发现破绽，很快就把武大郎的尸体火化了。何九叔就趁人不注意，从火葬场偷偷捡了两块黑色的骨头

回来,这就算是暗中取得了证据。

保留能识别身份的证据

用现在的话来说,何九叔是个好警察。他拿回武大郎的两块骨头作为证据,按古代的说法,骨头是黑的,那就是中毒了。

《洗冤录》里的法医常识

前面提到过,我国古代有一本书叫《洗冤录》,是一个叫宋慈的宋朝人写的,这是世界上最早的一本法医学著作。现在世界各国的法医学著作,英文的也好,法文的也好,德文的也好,它们开篇之首,都印着这么一句话:"失之毫厘,谬以千里。"这句话就是宋慈的原话。

《洗冤录》里讲了好多法医学的原理和案例,我举几个例子。

蒸骨奇法

人要是死了,被埋在地下很多年,警察去破案的时候只剩下一堆白骨了,怎么办?

宋慈就讲,挖一个深一米多、直径两米多的大坑,在里面架上锅,烧得滚烫滚烫的,然后把骨头放进去,再配上和骨头一样重量的醋和酒,往里一泼,一方面起到消毒的作用,把尸骨里的病毒细菌全部消灭了;另一方面,也起到了清洁作用,把骨头表面的脏东西都洗干净了。这时候你再看这骨头,上面的刀伤啊、划痕啊什么的,全都能看出来。

这在现在看来虽然有些过时了，但在当时是非常科学的。

饭团验毒

银只要沾上毒物就会发黑，所以古代人都用银来验毒。把银筷子插到饭菜里，只要筷子头变黑了，就说明饭菜里有毒。

那么，如果一个人中毒死了，但是已经死了很长时间了，不知道嘴里还有没有残留毒物，怎么办？就用一个饭团子，放到死人的嘴里，然后把他的嘴合上，外面用纸贴上，过4个小时，把饭团从死人嘴里拿出来，喂给鸡吃，如果鸡死了，就说明这个人是中毒死的。

这也是很科学的方法，它用到了分子微量元素的知识，由此可以看出，中国古代的法医学知识是非常丰富的。

滴骨认亲

一个猪倌和一个牛倌打架，猪倌一斧头把牛倌砍死，然后扔到河里去了。过了几个月，大家从河里捞出来一团白骨，怎么证明他是不是牛倌呢？县太爷就把牛倌的老婆和女儿都叫来了，让她们把自己的手指扎破，把血滴在这堆白骨上。

牛倌女儿的血一滴到白骨上，就渗进去了，而牛倌老婆的血滴在白骨上，却没有渗进去，只是附着在骨头的表面。县太爷就说："这是牛倌的骨头，牛倌的女儿是他的直系亲属，所以，女儿的血才会渗进牛倌的骨头里。而牛倌的老婆不是他的血亲，但他们是夫妻，一日夫妻百日恩，所以牛倌老婆的血就粘在骨头上了。"

猪倌不服气，对县太爷说："你胡说八道，我不信这个邪，你敢不敢让我也滴一滴血到这骨头上？"县太爷同意了，于是猪倌就把手弄破，滴了一滴血到骨头上，奇迹发生了，猪

倌和牛倌是仇人，他的血一滴到骨头上就哧溜一下滑下去了。

这个故事假设了父女之间一定会有一种相关的血液因子。尽管结论是错误的，但在1000多年以前，欧洲人还是靠宗教审判，用神的旨意来断案呢，可那个时候我们中国人的断案方法就已经初具DNA和血型的思想了。

通过这个故事，我也想告诉大家，我们在现代生活中，也要掌握一点点基本的法医学知识，也要给自己留下身份的标志。

儿童身份识别卡

有一次我们在饭馆里吃饭，一个澳大利亚的警察看我穿着警服，就问我："你是警察吧？"我说："是。"他就给了我一张卡片。我就照着这卡片印了5万张，然后免费发放。这是一张什么样的卡片呢？卡片上有十指的指纹，我们每个人的指纹从生下来到死都是不会变的。孩子刚生下来的时候，就剪两根头发贴在卡片上，这就有了孩子的DNA。孩子的血型以及孩子有几颗小虎牙，都写在这卡片上，父母的联系方式和家庭住址也都写在上面。同时，贴上一张孩子的彩色照片，要一年一换。

在澳大利亚，每个孩子一生下来，警察都会给他做三张这样的卡片，父母一张，孩子身上留一张，等将来孩子上学了，给老师留一张。这是澳大利亚警察必须做的一件事情。

身份识别小卡片，
十指指纹印上边，
遗传密码保存好，
血型急救保平安。

有人质疑,这么做有用吗?看了下面的故事,你就知道到底有没有用了。

25年前,我儿子在北京一所大医院出生,刚生下来的时候,我抱着儿子给我爱人看,她看了一眼,就说:"哎哟,这孩子长得像你,大耳垂。"等护士给孩子洗了澡,再次抱过来让我爱人喂奶的时候,她一看,就说:"慢着,不对!你怎么给我抱了一个小耳垂的来?"护士这才赶紧去把我大耳垂的亲生儿子给找了回来。

这下你该明白出生信息的重要性了吧?我们做家长的,也应该给孩子做一张这样的卡片,使我们的孩子有一个安全的保障。

大伟忠告
家长要给孩子准备身份识别卡,为孩子的安全增加一重保障。

 大伟说《水浒》

武松报仇

武松从何九叔那里拿到了证据,就去找县长,把这两块骨头和十两银子拿给县长看,这个县长是个老滑头,他既不想得罪武松,又不想得罪西门庆,而且,他早就收了西门庆的贿赂。他问武松:"这两块骨头是从哪儿来的?"武松回答道:"从乱葬岗拿来的。"县长就说:"那你怎么能证明这两块骨头就是武大的?再说了,这十两银子上,刻着'西门庆'三个字吗?你怎么能证明这十两银子是西门庆给的呢?"

武松没词了,他知道自己不能依靠正常的法律手段给哥哥报仇了,只能自己去报仇。

于是,他带上自己的手下,把街坊邻居都请到家里来吃饭,并当着大家的面,威逼潘金莲和王婆说出了她们谋害武大郎的详情,并请人一一记下,接着,就把潘金莲杀了,然后再去找西门庆算账。

当时西门庆正在狮子桥下的酒楼喝酒,武松到了狮子楼一看,楼上坐着四个人,一个是西门庆,一个是他的客人,旁边还有两个陪酒唱歌的女孩。

武松提着潘金莲的人头,一口气冲到楼上去,把这个人头往桌上一扔,就跟西门庆打了起来。西门庆一看武松来了,把手里的一个盘子"噌"地扔出去,然后趁武松一躲的工夫,飞起一脚就把武松手里的刀给踢下去了。西门庆一看武松现在是赤手空拳了,心里就放心了,觉得武松打不过自己。武松又一拳打过去,西门庆一躲,武松就从底下一伸手,把西门庆给托了起来。按说西门庆的武功也是很了得的,武松应该不会这么轻易就把西门庆擒住,但一来武大郎冤魂缠身;二来西门庆干了坏事,天理难容;三来武松报仇心切,如有神力。只见武松举起西门庆,大叫一声"下去",便把西门庆扔到楼下去了,西门庆当场就摔死了,武松就这样为哥哥报了仇。

什么才是真正的英雄?

武松身高八尺,相貌堂堂,浑身上下有千百般的力气,职业是山东省阳谷县都头,相当于现在的公安局治安科科长,是个警察。在20世纪80年代,武松几乎是所有男孩心中的大英雄,是男孩们最崇拜的偶像。

英雄的勇敢分三个等级：大勇、中勇和小勇。

什么叫小勇？一个男孩在路上骑着自行车，和对面骑过来的人撞上了，气愤之下拿出刀来就要杀对方。这就是小勇，是猪狗之勇，不能算真正的勇敢。

什么是中勇？如果两个人一发生争执，有一方先退出来了，回去想办法，按法律解决。这就是中勇，这种做法是对的。

什么是大勇？就是当外敌侵略的时候，为了祖国的利益而奋不顾身，甚至牺牲自己的生命，这才是大勇。

我是山东人，我的老家出了个英雄，叫任常伦。在抗日战争时期，他参加了多次战役，屡立战功。1944年7月，他在胶东一次战役中负责和日军抢占并坚守一个制高点，在坚守小高地的过程中，他和同伴们的弹药都用完了，可是增援的部队还没有赶到，于是他提起刺刀冲向日军，连续刺死了5个鬼子，最后壮烈牺牲。在他英勇无畏的精神鼓舞之下，他的战友们也顽强作战，最终取得了战役的最后胜利。任常伦的这种做法，就是大勇。

分清楚了大勇、中勇和小勇，你应该明白，为了祖国的利益去奋斗，不怕流血牺牲，这才是真正的英雄。

所以，家长要教育自己的孩子，如果真的跟别人发生了冲突，一定要先冷静下来，千万不能冲动行事，不能逞英雄。还有一句话，我们也要教给孩子："睡一觉，过一天，再找亲人谈一谈。"要告诉孩子，如果和对方起了冲突，就快打起来了，一定要克制自己，回到家就乖乖睡觉，等过了一天，基本上就能想明白了，如果还想不明白，再跟老师、爸爸妈妈谈一谈。这才是解决问题的正道。

遇到大事时，睡一觉，过一天，再找亲人谈一谈。

本课小结

● "日有所思,夜有所梦。"即便是一个看起来和现实生活八竿子打不着的梦,也是和现实世界有着千丝万缕的联系的。

● 痴迷网络和网游的孩子容易产生犯罪心理,家长一定要及时正确地引导孩子,防止悲剧的发生。

● 家长要给孩子准备身份识别卡,为孩子的安全增加一重保障。儿童身份识别卡一式三份:孩子随身带一份,家长留一份,老师保管一份。这种卡片用于地震等突发事件的医疗、救助、身份识别,以及儿童走失后的报案与寻找等情况。

● 和别人起了冲突,一定要克制自己,等过了一天,基本上就能想明白了,如果还有想不明白的地方,再跟爸爸妈妈、跟老师谈一谈。

第八课

不要让欲望控制你
——阎婆惜的个人悲剧

吵架家中不放刀，
激情杀人源大叫，
退后胆小都是福，
自古财色两把刀。

过去总是有这么一句话:"红颜薄命。"那么这句话到底是不是真有道理呢?

我国古代有一本书叫《幽梦影》,书中有这么一句话:"为月忧云,为书忧蠹,为花忧风雨,为才子佳人忧命薄,真是菩萨心肠。"意思就是:月亮出来的时候,担心它会被云彩遮住;看书的时候,担心书被虫子蛀了;看见鲜花开了,就担心会被风雨摧残;看见有帅哥美女,又担心他们命运坎坷,这样的人真是善良,是有菩萨心肠的人。

在现实生活中,很多人也是这样,一看到有一个漂亮的女孩,就会想,她会不会是红颜薄命呢?那么,真的有这种规律吗?

我18岁刚当警察的时候,我的师傅就跟我说:"做人有做人的道理,做警察有做警察的道理,你知道一生不犯错误的秘密是什么吗?就是远离5个字:酒、色、财、气、烟。"

酒,喝酒;色,不正当的色情关系,比如卖淫嫖娼;财,赌钱、收受贿赂;气,生气,为争一口气,白了少年头;烟,不是我们平时抽的普通的香烟,而是大烟,是毒品。

人的一生要是远离了这5个字,就一点问题都没有,不会犯错误。可是,现在的明星也好,名人也好,不管事业多么辉煌,很多都一失足成千古恨,败在"酒、色、财、气、烟"这5个字上了。

前几个月闹得沸沸扬扬的酒井法子涉毒案就是一个典型事例。人们常说,男人在事业上成功,感情也往往成功;女人在事业上成功,感情却往往失败。酒井法子是日本清纯派的偶像,她的人格有两大暗伤,一是缺乏母爱父爱,从小就没有父亲没有母亲;二是爱情上的挫折,她的先生高相佑一在外边有情人,而她自己也有婚外恋的对象,所以她的婚姻非常不成功。在这种家庭感情不成功的情况下,她开始吸毒,最后被查出来了,判刑一年零六个月,缓刑执行。

　　之前网上还流传着这么一段视频：酒井法子吃了摇头丸，一边弹着琴，一边脑袋直晃，看着真是可怜。再看看出事后的她，脸色苍白，仿佛一下子老了10年。涉毒一案让她遭受了经济上和家庭上的双重损失，她签的所有合约都作废了，她还要和她的先生离婚，去当尼姑，酒井法子清纯偶像的形象瞬间崩塌了。是因为什么呢？——爱情、家庭、毒品。

　　所以，所有的女孩、男孩，都要引以为戒，我下面要讲的阎婆惜的悲剧故事，也说明了这个问题。

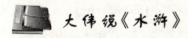
大伟说《水浒》

宋江收留阎婆惜

　　宋江宋押司是当时山东省郓城县的县委办公室主任。有一天，宋江在街上走，迎面遇到一个媒婆，她领着个老太太来见宋江。媒婆对老太太说："你有福气啊，今天认识了宋主任。"

　　这个老太太的老公姓阎，他们有个女儿叫阎婆惜，十八岁，长得非常漂亮。阎公是一个靠卖艺谋生的艺人，所以阎婆惜从小就学会了吹拉弹唱。这一家三口从东京汴梁到山东郓城县来投亲戚，没想到这个亲戚早已经死了。他们就想着靠走街串巷卖艺为生，又没曾想到，"山东人不喜风流宴乐"，风流的事情山东人不喜欢参与，聚餐、听音乐会等活动，在这边都不流行。一家三口折腾了几天，又累又饿，偏偏又遇上了瘟疫，阎公就得病死了。剩下阎婆孤儿寡母，家里又一贫如洗，实在没有办法了，只好想到让阎婆惜卖身葬父，于是就托人找到了宋江。

　　宋江人称"及时雨"，大家有什么事，都会来找他帮忙，他

也是个热心肠的人。所以他一看是这种情况，就马上拿出一支笔写了个条子，递给阎婆，说："我送一口棺材给你埋葬阎公，你拿着这个到县城东边陈三郎家取就行了。这里还有十两银子，你也拿着。"

宋江帮助了这对母女，以为事情就算完了。可是这个时候，阎婆说："您看我的女儿长得好模样，吹拉弹唱无一不会，以前在东京的时候，去给人家唱歌也好，表演也好，没有一个戏园子不喜欢她的。我现在得了宋押司您的救助，也没法报答您，您看这样行不行，让媒婆撮合撮合，将我们家阎婆惜嫁给您。"

宋江本来没想过这些事情，只是招架不住媒婆和阎婆两人的劝说，就说："行，我可以把阎婆惜娶到家里，但丑话说在前面，阎婆惜不是明媒正娶的，不能当正房。"阎婆当场就答应让阎婆惜做宋江的偏房，于是宋江就把阎婆惜娶进了门。

当时，宋江大约有四十七八岁了，阎婆惜却只有十八岁，两个人在一起的时候，宋江非常怜爱她，拿她就当一个小妹妹一样，给她打扮得"满头珠翠，遍体金玉"，住的是新房子，吃的、喝的、用的，都是好东西。可是，宋江是个英雄好汉，只爱舞枪弄棒，对女色并没有太大的兴趣，而他和阎婆惜的年龄差距又实在太大，所以，两个人之间有很大的代沟，关系平平。

宋江的单位里有一个刚毕业的大学生，叫张文远。这个张文远人称"小张三"，是个小白脸，生得眉清目秀，齿白唇红，平时就爱去歌厅酒吧，学得一身的风流气息。

有一天，宋江请张文远到家里来吃饭。吃到一半，宋江起身去上厕所，屋子里就剩下张文远和阎婆惜两个人。张文远是个二十出头刚毕业的大学生，阎婆惜是个十八岁的漂亮姑娘，两人一见面，顿时就有一种相见恨晚的感觉，一来二去地就搞起了婚外恋。

阎婆惜和小张三两个人好上之后，阎婆惜再和宋江说话，话里句句带刺、恶语伤人。两个人的关系越来越差。而宋江对阎婆惜和小张三两人之间的奸情，也是睁一只眼，闭一只眼。

一生不犯错误的秘密：远离"酒色财气烟"

过去有这么一句话，叫"风流茶说和，酒是色媒人"，就是说，如果要说风流的事情，一定要坐下来喝点茶；如果你要是喝了一点酒，那就会有色情的事情发生了。

这句话也正好应和了前面我提到的观点："酒、色、财、气、烟"，这5个字最好不要沾，这是人一生不犯错误的金科玉律。

大伟忠告

> 远离"酒、色、财、气、烟"这5个字，人的一生就不会犯错误了。

酒

2009年年底连续出了几起震动全国的酒后驾车连续撞死多人的案件，最后肇事司机都被判了危害公共安全罪，其中还有一个人判了死刑，最后改成无期徒刑。过去你要是开车撞死三个人，这算交通肇事罪，顶多判三年徒刑，可是现在刑法变了，改成危害公共安全罪了。所以，喝酒绝不是件好事。

色

卖淫嫖娼、男女关系混乱、在外面包养情人等行为，都属于色。

最近有一个惊天动地的新闻,世界最有名的高尔夫球手"老虎"伍兹(Tiger Woods)被爆出有 11 个情妇。伍兹 30 多岁,他的情妇中有的年龄很小,也有的 40 多岁了,还有的自己也有丈夫。

这条新闻一曝光,他的老婆就坚决要和他离婚。伍兹有 10 亿美元家产,一离婚,就得给他老婆 3 亿美元。从这里就能看出"色"对伍兹的影响有多么大。

财

财是什么?就是收受贿赂,就是贪财。比如说近年重庆打黑行动中爆出的文强,财产中来源不明的有 2000 多万元,家里都摆着象牙、古董,"粮过北斗,米烂陈仓,黄的是金,白的是银,也有犀牛头上角,也有大象口中牙",用来形容文强再适合不过了。

气

小青年血气方刚,最忌讳的就是生气、斗气。

有一个著名的歌手在廊坊开了一个酒吧,结果酒吧原老板和他不和,两边就打起来了,在廊坊火车站广场进行械斗,最后还打死了人。虽然当时此人在北京,没有亲自参与打架斗殴,但是却有证据表明他是这场械斗的主谋,最后法院判了他 6 年徒刑。

这么一个有名的歌手,正是事业如日中天的时候,却不得不到监狱里去服刑 6 年,很令人叹息,为了一口气,多不值得啊!

烟

现在文艺界出了一股歪风,好多作家、歌手的家里都有一个玻璃瓶,叫"溜冰壶"。这是文艺圈的一种哑文化,圈内人好多都觉得我要是不溜冰不吸毒就不够派。可是,大家看看满文军案,一个"烟",就把满文军毁了。

2009年5月18日晚，歌手满文军因涉嫌聚众吸食摇头丸等毒品，在北京朝阳区工体附近某酒吧被警方带走。随后警方展开深入调查，到5月22日，已有11名涉毒艺人被拘留。5月24日，中国音乐金钟奖流行音乐大赛取消满文军评委资格。6月8日，满文军现身北京电视台向公众及歌迷公开道歉。

所以，"酒、色、财、气、烟"这5个字，真是要离得越远越好。如果你家有个孩子要出去上学了，要离开你远行了，你一定要告诉他这5个字不能沾，特别是女孩子。

有一天，我在街上走，走着走着，就遇到我们单位的一个人，他问我哪里有戒毒所，我就问他怎么了，一问才知道他的女儿吸毒了，每天都要花500多块钱。

女孩子吸毒跟男孩子不一样，女孩子吸毒叫"以淫养吸"。凡是吸毒的女孩子，有90%都会卖淫。女孩吸毒的危害比男孩大得多，因为女孩子意志力弱，而且现在女孩中流行新型毒品——摇头丸与K粉，女孩们互相传，说这个可时髦了，减肥，你要吸一点马上就能瘦下来，而且还不上瘾。对这种东西，女孩一定要提高警惕。

> 嗨妹冰女很恐怖，
> 以淫养吸九成足，
> 未婚妈妈早产儿，
> 艾滋丙肝加梅毒，
> 家庭破坏性乱伦，
> 因毒走上不归路。

现在迪厅里、舞厅里都有"冰女"，还有的叫"high妹"，90%

都是以淫养吸。有的成了未婚妈妈,有的患上了艾滋病、丙肝、梅毒等传染病。

  一个女孩子跟老板吵架了,吵完架这一晚上气得不行,就到迪厅里吃上摇头丸,又喝酒,一晚上跟很多男人发生关系。第二天早晨酒醒了,摇头丸的药劲儿过去了,她也不知道自己昨天晚上到底都干了些什么事情。过了几个月,发现自己怀孕了,最后,把孩子生下来扔在医院走廊的长凳上。最后警察从这个孩子顺藤摸瓜,找到了这个未婚的妈妈。

你看,如果这个女孩和老板吵完了架,能找自己的朋友、父母聊聊天,而不是去迪厅里发泄,如果她在迪厅里能够克制自己,而不是乱喝酒、乱吃药,也就不会发生后面的事情了。

现在还有一些吸毒贩毒的女孩,她们走上这条路很大一部分的原因是为了男人。最近爆出的哥伦比亚的美女大毒枭曾经是一个模特,非常漂亮,她的男朋友叫"怪兽",是哥伦比亚的大毒枭。因为"怪兽",她开始吸毒贩毒,现在国际刑警组织正在全世界通缉她。

所以,"酒、色、财、气、烟"这5个字女孩子更不能沾。

婚恋纠纷是杀人动机的第一位

过去有一句话叫"穷生盗,奸生杀",奸情一般都会引出杀人案件,在杀人案件的动机中,排第一位的就是婚恋纠纷,当然这也包括结婚以后的第三者插足、情人问题、二奶问题,等等。第二位是图财,第三位是报复,第四位是激情杀人。所以,婚恋纠纷是导致杀人的首位的因素,一旦这一纠纷解决不好,就有可能酿成大祸。

宋江对阎婆惜和小张三之间的奸情不怎么在意,他认为自己是一个英雄，对女色的事情也不太关心，那两人爱怎样就怎样吧。其实这种想法是不对的。

宋江遇到这种事情，第一，应该赶快向县太爷报告一下，寻求帮助；第二，如果实在无法挽回，就解除和阎婆惜的夫妻关系，就离婚。

在日常生活中，我们也可能会遇到自己的另一半在外面有情人的事情，应该怎么做呢？我认为至少有4点：

◇ 不动声色；

◇ 收集证据；

◇ 绝不冲动；

◇ 法律解决。

有些人发现自己的爱人有了婚外情后，容易冲动，很草率地做出离婚的决定；有些人会抱有"我也找个情人气气你"的心态报复自己的爱人；有些人比较天真，以为不动声色，生活可以照旧，其实爱人的婚外情仍然存在；有些人选择逃避，对爱人的婚外情不闻不问，"眼不见，心不烦"。而出现婚外情的一方，在恋情被爱人发现后，生活也不好过，在爱人的不断盘问下，要么和盘托出，要么部分隐瞒，要么拒绝承认。但无论怎样，都会给夫妻感情造成很大的伤害。

现在有一个时髦的词，叫"二奶侦探公司"。在我国西北的一个城市里，有个女同志由于第三者插足，和丈夫离了婚。离婚后她满腔愤怒，发誓要把二奶们都挖出来，于是就成立了一个二奶侦探公司，专门替人家搜集婚外情的证据。后来，这个公司被公安机关依法查封了。

站在法律的角度，这个公司的做法是不对的。因为侦查权只属于人民警察，普通公民没有这个权利。你自己拿照相机去偷拍别人，首先，这是不合法的；其次，这个照片将来拿到法庭上，也不可能

被当做证据,因为你获取这些照片的手段是不合法的。

所以,即使家里出了第三者,也不能去找这种二奶侦探公司。

大伟忠告
一定要用正确、合法的手段来解决感情上的纠纷。

在婚恋纠纷中,最怕出现的就是单相恋。你爱我,我爱你,这是很美好的事情,但是如果你爱我,我不爱你,就比较麻烦了,这就需要一些技巧,小心处理。

三种情况易使感情受到损害

在单相恋中,有这样三种情况可能会使感情受到损害,导致犯罪升级。

1. 一般冲动型

一个小男孩喜欢一个小女孩,小女孩不喜欢他,这叫"剃头挑子一头热",在这种情况下,两个人可能会产生矛盾,小男孩可能会想不开,这是一般冲动型。

2. 走火入魔型

你要是解决不了这个问题,就容易走火入魔,一闭上眼,满脑子里都是这个小女孩。不知道你有没有这样的体会,当你谈恋爱的时候,觉得全北京市的女孩都不如你喜欢的人漂亮,等汽车的时候甚至出现幻听、幻觉,觉得旁边的女孩都是你爱的那个女孩,长得都一样,这时候就是走火入魔了。

3. 恶魔型

有的犯罪分子穷凶极恶,甚至会利用婚恋纠纷实施犯罪,这是一种非常可恶的犯罪行为。

有一天我下班刚回家，一个妈妈就领着女儿找来了。这个女孩在大学里认识一个男朋友，结果大学要毕业了，男朋友非得逼着这个女孩和他明确关系，这个时候这个女孩不愿意，这男孩就喝了一瓶啤酒，然后拿出刀来威胁女孩说："你要不干，我就把你杀了！"

女孩的妈妈找到我们家，问我有什么解决的办法。我说："你别惹他，你要一惹他，这事就完了。让你女儿别上学了，请一个礼拜的假，不要见那个男孩，手机也关了。你把这件事情告诉男孩的家长，两家的家长一共4个人，你们凑在一起一块儿想办法，千万别让那男孩子受气。"

过了两天，我打电话一问，事情已经解决了。原来男孩的妈妈非常好，劝这个男孩说："儿子你别生气，你不是想出国留学吗？我赞助你出国留学，咱把这个事忘了。"一边劝，还一边冲了杯咖啡给儿子喝。这个妈妈偷偷在咖啡里加了安眠药，这个男孩喝完后睡了一天，再醒来的时候，气都消得差不多了。后来，这个妈妈就安排儿子出国了，这件事情就解决了。

所以，这个时候宋江最好的办法就是赶快和阎婆惜分手。可宋江虽然是个英雄，却不会很好地处理这类事情；而阎婆惜是一个女孩子，只有18岁，由于生活经验不足，最后一步一步走上了毁灭的道路。如果他们俩能解决好两人之间的婚恋纠纷，也就不会发生下面的惨剧了。

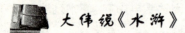

宋江怒杀阎婆惜

这一天,宋江遇到了晁盖派来的信使,叫刘唐。晁盖为了答谢宋江解救过他的恩情,让刘唐给宋江送了一百两黄金和一封信。

宋江看了这封信,说:"哎呀,这算什么,我们江湖上都是朋友。"于是就把信留下了。而一百两黄金是个大数目,宋江坚决不要,刘唐又非逼着他要,两人推来推去,最后,宋江就从这一百两黄金里拿了一块金条,就算收了。

宋江就把信和这块金条放在随身的袋子里。晚上睡觉的时候,宋江就把袋子放在床边。第二天早晨起来就出门去了,却忘了拿这个袋子。

阎婆惜起来后,发现了袋子里的信和金子,当她看到袋子里的信后,脑子一转,突然产生了一个罪恶的念头。她心想,晁盖是梁山泊的头领,也就是当时的土匪头子,这封信就是宋江和土匪暗中勾结的证据,所以,她起了敲诈之心。

于是,她把金子和信放回袋子里,连同宋江的佩刀一起,不动声色地藏在被窝里。没多久,宋江就回来取这个袋子,却发现袋子不见了,于是就问阎婆惜有没有看到这个袋子,她假装没看见,宋江就急了,说:"你赶快拿出来,那个对我非常重要。"阎婆惜说:"是老娘拿的,我就是不给你!"宋江一听阎婆惜拿了袋子,就知道自己的秘密掌握在阎婆惜手里了,所以又低声下气地求阎婆惜把袋子还给自己。

这时候,阎婆惜得寸进尺地说:"哎呀,平常你老埋怨老娘和小张三有什么关系，他是不如你，但是他不是一刀之罪；你和土匪私通，就是一刀之罪，是死罪。这样吧，今天你把咱俩结婚的那个婚书还给我，咱俩离婚。你再写一封信，让我和小张三两个人完婚。第二，我这浑身的衣服、珠宝，虽然都是你给我买的，但咱俩离了婚，这些东西都得给我，房子带财产都是我的，你净身出户。还有，我刚才看了那封信，信里写的你收了晁盖一百两黄金，你得把这一百两黄金都给我。"

宋江说："行，前两件事我都答应你，我把结婚证书还给你，也让你和小张三结婚，咱家的房子财产也都给你。可是那一百两黄金我只拿了一块金条，这第三件事我没办法答应你。"阎婆惜说："你撒谎！像你们这样的人还不见钱眼开，那一百两黄金你能不要吗？"宋江说："你看这样行不行，你给我三天时间，我出去借一百两黄金给你？"阎婆惜说："不行，如果你今天晚上不把这一百两黄金给我，明天早晨咱们公堂相见！"

阎婆惜一说到公堂，宋江着急了，就和阎婆惜扭打起来，结果就把被窝里的袋子扯出来了，阎婆惜就扑上去抢这个袋子。在抢夺过程中，和袋子放在一起的佩刀露了出来，宋江顺手就拿起那把刀，这本是一个无意的动作，可阎婆惜见状，却高声喊了一句："黑三郎杀人也！"这一喊，更刺激了宋江，宋江就一刀杀死了阎婆惜。

不让犯罪侵害有发生的机会

有的警察把案件分两类，一类是可防的，一类是不可防的。我不这么认为，在我看来，所有的案件都可防，或者说原因难防，条件易防。

比如说，最近你总觉得你爱人回家很晚，有时候天很晚了还要出去，而且还把自己打扮得花枝招展的，这时候你就要提高警惕了，想想她为什么会有这样的变化，她是不是在外边有什么问题。在这种情况下，可能你没有办法找出导致她发生变化的原因究竟是什么，也不能预防这个原因，但至少你可以防范接下来会发生的事情。

前文讲过，凡是奸情，如果再往下发展，就往往会发生凶杀案件。所以，在上面的情况中，如果你早晨起来，你的爱人给你做了一碗稀饭，你一喝味不对，赶紧别喝，让她杀不了你，这就叫条件易防。

原因难防，条件易防，这是西方犯罪学的一个理论。宋江怒杀阎婆惜的故事也是告诉我们：条件易防。

阎婆惜是怎么死的？先是因为奸情生了异心，然后是敲诈，最后是高喊致死。而导致她死亡的直接原因，就是那把刀，就是她喊的那句话，而这两者，其实都是可以预防的。所以大家要记住，有很多案件，不是犯罪分子要杀你，是你身边有刀，是你临时说的话激怒了他，引起了他"激情杀人"。

> **大伟忠告**
>
> 犯罪侵害发生的条件是可以事先预防的，一定要记住，有三种东西不能放在家里：刀、保险箱、值钱的东西。

谨记家中"三不放"

我们每个人家里有三种东西不能放，一不能放刀，二不能放保险箱，三不能放值钱的东西。

不能放刀

在上海有一栋 24 层的居民楼，里面有一户住了个女孩，是个亿万富翁。有一天，这个女孩和一个保姆在家待着，突然进来一个贼，拿了一把小水果刀。

这个女孩子一看贼来了，很有经验，她拿了 1 万块钱现金给这个贼，这个贼左手拿了钱，右手一刀捅在了这个女孩的屁股上，正准扬长而去。就在这个时候，女孩家的电话铃响了，这个贼非常狰狞，他一听电话铃响就走到电话旁边，抬头一看，墙上挂着一把大藏刀，刀上边镶着好多宝石。这个贼把刀取下来一看："哎呀，好刀啊！我得试试这把刀。"回头一看女孩子躺在地上，"噗噗"两刀把这个女孩给杀了。

有一句至理名言，大家一定要知道——"刀是凶器。"这个女孩的死，只是因为家里挂了一把刀。所以，大家平时一定要把家里的刀收好，尤其是厨房里的菜刀之类的，都得收好，比如放到橱柜里，再把柜子关好，这样，只有自己知道刀放在什么地方。

不能放保险箱

家里的小保险箱千万不能放在显眼的地方。北京曾经发生过这样一件事：

一个女孩子在家，进来一个修水管子的，她好心给他倒了杯茶，这个修水管子的一边喝茶，一边到处看，发现她家客厅放着一个小保险箱。这个人喝完茶走了，三个月之后回来连杀一家三口，就是为了这个保险箱。

从这件事我们也得出另一个教训：家里进来查电表、修水管子的，千万不能给他喝茶，不能让他坐下。尤其是一些女同志，人非常好，家里来个给你帮忙的，都倒杯茶给他喝，结果他一喝的时候就有理由坐下慢慢地看，这一看，你们家里所有的事情他都看得一清二楚。所以女同志都要记住，家里进来任何陌生人，哪怕是给你帮忙的，完事了你也要赶快让他走，绝不能留下喝茶。

不能放值钱的东西

现在大家的住房条件越来越好了，客厅越来越大，但是客厅里一定不能放特别值钱的东西，像名人字画、古董等，都不能放，你一放就招贼了。

前面讲了这么多，归结起来其实就是一条：不能开门。门是我们生命的防线，如果你开了门，你就把危险放进来了。

应对贼进门的10种技能

如果我们真的不小心把门打开了，或者如果我们在家，有一个人拿着刀闯进了门，我们该怎么办呢？我这里也有应对贼进家门的10种技能。

欺骗——无中生有

犯罪分子把刀一拿出来，要杀你了，你骗他说："待会儿我先生要回来，10点钟领我去看病。"他一看快到10点了，就不敢动手了。

特别是孩子单独在家的时候，如果贼真进来了，孩子一定要欺骗这个贼。我曾问过5800个孩子："贼能不能骗？"孩子都说不能，这是一个误区，我们得教育孩子们，贼进门是可以骗的，贼进门以后要对他说："我爸爸出去上厕所了，马上就回来。""我妈妈出去买菜，10分钟就回来。"如果你这么一说，心虚的贼他就不会恋战，很有可能马上就跑掉。

逃跑——走为上计

三十六计走为上计，要告诉孩子，有的时候贼进来还没来得及关门的时候，一定要非常机警地拔腿就跑，只要孩子往外一跑，外面又有邻居，就可以得救。记住要往外跑，千万不能往里跑。

装死——死去活来

迫不得已的时候要学会装死。有的时候，贼把你打一下，掐一下，你是不会死的，但你千万要注意，不要大声地喊叫反抗，你可以装死，就跟那些小昆虫、小动物遇到危险的时候装死一样，这也是一个技能，叫做死去活来。

报信——树上开花

要学会报信，比如说在你身处危险的时候，当你听到邻居家的叔叔阿姨从旁边走过，就一定要想方设法把这个信息送出去，让人来救你。

天上飞来的沙锅

一个人开着车，突然天上飞来一个沙锅，砸在他的车旁边，这个人刚要骂，抬头一看，又一个水壶飞了下来。这个司机赶紧停了车，上去一看，才发现上边的女同志已经被绑起来了，那个贼找别的东西的时候，这个女同志就一脚一脚地把阳台上的东西全给端下去了。

故事里的这种做法，就叫报信。

搏斗——以强胜弱

如果你身强力壮，或者你们家有几个人在场，而贼只有一个人，势单力薄，这时候你们就可以齐心协力，将贼制伏。

放弃——丢卒保车

贼如果要你家的东西，你要想到生命第一，财产第二。你要告诉孩子，在情况危急的时刻，可以告诉贼家里的钱放在什么地方，这样孩子就能丢卒保车，保住性命。即使孩子把钱给了坏人，爸爸妈妈回来也要告诉孩子们，说爸爸妈妈把你的生命看得更重要，钱并不重要。

不叫——沉着冷静

该叫喊的时候要叫喊，如果旁边都是邻居，大白天开着窗户，能叫的要尽量叫，要是旁边是个黑暗的地方，楼道里没有人，又是黑夜，这个时候你就不要叫了。有的时候贼并不想杀你，你这一叫反而会激怒他，引起他激情杀人。阎婆惜就是因为看到刀就喊"黑三郎杀人也"，才被宋江激情杀死的。

捆绑——前胜于后

这一般是对女同志而言的。如果贼把你的手绑在你身后，那么你既不容易解脱，也非常痛苦。这个时候你就要跟贼说，手绑在后面非常难受，设法让他把你的手绑在身体前面。在前面捆也有绝招，你要把肌肉绷紧，或者把肌肉错开，这样，不管他捆得多结实，只要趁他不注意的时候一回位，绳子就松开了。关于这方面我们做过多次实验，你绷紧肌肉让他捆，一放松肌肉，这个扣就很好解开了。

不看——安定其心

如果真是遇到丧心病狂的歹徒,你看着他手持凶器,入室盗窃或抢劫的时候,就马上跟这个歹徒说:"对不起,从现在开始我不看你的脸。"你不看他的脸他就不会有后顾之忧,这样,他多半就不会杀你灭口。

劝导——回心转意

对老年人和成年人来说,女性、老年人去劝导,结果犯罪分子回心转意的成功案例非常多。

有很多坏人在劫持人质、入室抢劫和盗窃的时候,你可以对他做思想工作。有这样两个案例:

一

两个小伙子抢一个女司机,这个女司机说:"你们两个都是小孩子,我给你们讲讲做人的道理。"说到最后,这两个小伙子都管这个女司机叫大姐。后来,这个女司机给了两个小伙子35块钱,让他们去打的,等这两个小伙子下了车,女司机马上报了警,警察来了就把这两个小伙子抓住了。

二

有一家三口人在家看电视,突然门给踹开了,进来一个贼,拿着刀要杀这一家三口。这个贼是个民工,三年没讨着工钱,他仇恨社会,想报复社会。

在这一家人生死存亡的关头,家里9岁的小女孩从沙发上站起来说了一句话:"叔叔,你看你的手流血了,我给你擦点紫药水。"

这贼听到这句话,心里想:"我在外边三年没有人关心

我，这个小女孩关心我，我不能害她。"于是，把刀一扔，走了。

这一招有个专业名字，叫"斯德哥尔摩效应"，就是指可以用劝说的方法让这些犯罪分子回心转意。

大伟忠告

> 阎婆惜的教训：不要脚踏两只船；不该敲诈勒索宋江；不该高喊导致宋江激情杀人。

遇到敲诈勒索怎么办？

涿州有一个人，他想要挣钱，可是想不出什么挣钱的好方法，于是就随便在一本什么杂志后面找到一个通讯录，打了200封信，信上写着："你和你小秘的那个事我已经知道了，你给我寄300块钱来，要不然我就把这事捅到你单位去。"

结果他把这200封信一发出去，真有好多人汇款给他。这些汇款的人当中，有些可能是真的有这些事情的，害怕被曝光，所以寄钱给人家，还有一些也可能是根本没这些事情的，只是怕这个人去讹他，为了避免麻烦，就给钱了。

坏人要你的钱就两种方法，一个是骗，一个是讹，骗就是诈骗罪，讹就是敲诈勒索罪。传统的讹有两种，一个叫放鸽子，一个叫碰瓷。

放鸽子

放鸽子就是用女色来引诱男人。

有个 70 多岁的老头，出去逛街，对面来了一个 30 多岁的女人，对他说："大爷，我看您怎么这么年轻啊。走吧，上我家去吧。"结果两人走到一个小胡同里，就出来一些人把老头打了一顿，把他身上的财物抢走了。

碰瓷

以前的碰瓷案件比较简单，一般都是犯罪分子拿个什么茅台酒的瓶子在车站、码头，故意让你把瓶子碰掉在地上，再讹你说这是真的茅台，让你赔钱。

现在发展成"机动车碰瓷"，比如你开着车，尤其是开到一个很窄的地方，突然冒出一个小伙子把你的车拦住，说你撞到他了。

北京有个司机在小胡同里开车，前面来了一个 40 多岁的女人，车从她旁边经过的时候反光镜可能刮了她一下，她就躺在地上了。刚躺在地上，旁边出来 5 个男人，对这个司机说："你知道她是谁吗？她是我姐姐，外号叫'药罐子'，她一身都是病，这下又被你撞了，你赔钱吧。"这个司机非常好，他当时身上有 7000 块钱，他就把这些钱都拿出来了，而且还留了个电话号码，让这帮人有事再找他。

这司机回到家，第二天早晨天不亮，电话又来了，说昨天晚上做了一个 CT 扫描，让这个司机再给 7000。这下这个司机没办法了，就报了案。后来才知道这其实是一个机动车敲诈团伙，他们先后向不同的人一共敲诈了 70 多万。

这是个真实的案例，几乎所有的司机遇到这个事情，都会"破财免灾"，人家一讹他，他就把钱给人家了。我曾专门坐了 6 次出租

车，就为了问一下司机，如果遇到碰瓷，他们会怎么处理。这6个司机几乎都一个说法："给钱吧，破财免灾嘛，没有时间跟他们扯皮。"

一切都按规矩办，
苍蝇不叮无缝蛋，
分清大利和小害，
及时自救快报案。

新的碰瓷非常多，我还遇到过这么一个案件：

街上都有那种非法行医的小广告，上面都写着"专治梅毒性病，一针见效"之类的。其实，这些人都是非法行医的庸医。有一天，一个庸医在家坐着，突然来了一个男的，他把裤子解开，问："您看我这是什么病？"那个医生一看，说："哎呀，你这是梅毒，是性病！"于是这个医生就给他打了一针青霉素，没过多久那个男人就口吐白沫，四肢抽搐，抽了一会儿，才稍微好点了。这时候，这个男人就对庸医说："你看怎么办吧，给我1万块钱行吧。"这医生二话没说，给他1万块钱，赶紧让他走了。

后来才知道，这是一个敲诈勒索案件。其实，他根本就没有得梅毒性病，他只是把硫酸涂在自己的肚子上，烧得肚子上的皮肤都是红的，看起来就像得了病一样。而这个人知道自己青霉素过敏，只要一打青霉素，就口吐白沫，但是过10分钟准好。他找到这么一个规律，到处去敲诈勒索。

从上面的案例可以看出，别人要是敲诈你，多半是因为你自己的短处被别人攥在手里了,这就叫"苍蝇不叮无缝蛋"。这个时候,就要"分清大利和小害,及时自救快报案"。

阎婆惜的行为就是敲诈勒索,要不是因为自己一时的贪念,最后她也不会招来杀身之祸。宋江怒杀阎婆惜,就是因为阎婆惜敲诈他,所以,当我们在生活中遇到别人敲诈的时候,千万不要急于反目,而是应该到公安机关去寻求帮助,千万不要和他私了。

> 落在水中不挣扎,
> 下沉自然往上爬,
> 高兴坚定沉住气,
> 慎防"好人贴心话"。

我小时候到河里去游泳,游着游着,后边一个小伙伴游过来一拍我脑袋,我就一下子沉到河里了。这个时候没有人教我,但是我自己明白,我这个时候可不能说话。于是我就憋住一口气往河里头走,等脚触到河底了,再一蹬,就上来了。

我们做人也是这个道理,当你遇到大灾大难的时候,第一,千万不要挣扎,千万不要叫喊,自己沉住气,先往下沉,沉到底的时候自然就会往上走了;第二,自己要坚定信念,千万不要听你旁边的"好人"说的那些"贴心话",这些人心中多半有自己的小算盘。只要你能做到这两点,就不会被人讹诈了。

❀ 本课小结 ❀

- "酒、色、财、气、烟",这5个字最好都不要沾,这是人一生不犯错误的金科玉律。对于女孩子而言,更应该小心防范这5个字的侵害。

● 婚恋纠纷不可忽视，一旦解决不好，很可能会酿出大祸。

● 宋江的教训：施恩不要图报，不要误了青春女孩的前程；如果有一个年轻貌美的妻子，要加倍关心呵护；加强性格修养，切勿一时冲动；发现阎婆惜与张文远的关系后，向县太爷报告，寻求帮助。

● 阎婆惜的三个致命错误：首先，不应卖身于宋江，牺牲自己的幸福；卖身后应寻求当地妇联的帮助，逃离虎口。其次，认识张文远后，应马上断绝与宋江的关系，不可玩"脚踏两只船"的危险游戏。最后，没有掌握贼进家门的 10 种技能，见宋江持刀，不应该大叫引得宋江激情杀人。

● "君子爱财，取之有道。"用敲诈勒索的办法取人钱财的人，往往会祸及自己。遇到敲诈勒索的人，不要反目，不要私了，要到公安机关去寻求帮助。

第九课

提高警惕,防范侵害
——武松智斗孙二娘

十字坡前野酒家,
寻安善处想办法,
佯顺敌意不点破,
武松戏耍母夜叉。

大伟说《水浒》

武松智斗孙二娘

武松杀死了潘金莲和西门庆,也被判刑流放了。他是三月份杀的人,坐了两个月的牢,六月份才被人押往孟州。有一天,他和押送他的两个差人到了大树林边十字坡的一个酒店,便要去酒店里吃饭。

刚到门口,老板娘就迎了出来,她外面套着绿纱衫,里边穿的是一件绿衬衫,下面穿了一条红裙子,头上插着各种各样的银簪子和野花,一看就不是个良家女子。她一看到武松他们就微微地一笑,但却是"眉横杀气,眼露凶光"。这个老板娘就是人称"母夜叉"的孙二娘,她的性格是多血质外倾型,她爸爸就是开黑店起家的,现在她算是女承父业。

武松和两个差人进屋坐下,要了酒菜,不一会儿,孙二娘便上齐了酒、包子和小菜。武松掰开一个包子看了看,说:"大树十字坡,客人谁敢那里过,肥的切作馒头馅,瘦的去填河。"孙二娘一听,笑着说:"哪有这个事呀,升平世界,朗朗乾坤的,哪里有什么人肉馒头啊,客官你可别乱说啊。"武松说:"那我怎么看到这个肉里又有指甲又有头发的,看着很像人肉,所以才有此一问。"

接着,武松又问:"老板娘,怎么没看见你老公呢?"孙二娘说:"我老公有事出去了。"武松说:"哟,把你一个人留在家里,岂不是冷落了你。"孙二娘心里想:"你这个死流放犯,居然敢戏弄我,看我怎么对付你。"然后对武松说:"客官,你别笑话我了，快吃吧，吃完了就到楼上客房里休息休息。"武松听了这番话，心里想："这个老板娘准是不怀好意，看我怎么戏弄她。"

于是，武松喝了一口酒，就对孙二娘说："大嫂呀，你这个酒怎么这么淡呢？浓度不够呀，有没有什么好酒呀？"孙二娘说："好呀，我倒是有上好的美酒，就是有点浑浊，你要不要呀？"武松说："好！越浑浊越好吃。"孙二娘就进屋拿了瓶浑浊的酒来，武松看了看，又说："这酒虽然是好酒，但你能不能给我热一热，热酒更好吃。"孙二娘一听，心想："你这个流放的犯人，这么折腾老娘，真是该死。我这酒里可是下了药的，热一热的话，药效发挥得越快。"

孙二娘把酒热好，让武松和那两个差人喝着，回头又切肉去了。不一会儿，那两个差人就觉得天旋地转，晕死过去了。武松也假装晕倒。这个时候孙二娘大笑，说："你看你这么聪明，还是喝了我的洗脚水嘛。"说完，就叫来两个小二，把那两个差人抬了进去，然后她自己脱了外套，捋起袖子，走到武松旁边，弯下腰准备去抱武松的双腿，这时候武松一下子抱住孙二娘，顺势把她压在身下，准备杀了她。

正在这时，孙二娘的老公回来了，他一见这情形，连忙上前，说："好汉手下留情，请问您尊姓大名？"武松说："我行不更名，坐不改姓，我叫武松。"孙二娘的老公一听，继续问："那您是不是在景阳冈上打死了老虎的武松武都头啊？"武松说："是的。"于是，孙二娘的老公赶紧说："久闻大名，今天终于让我见到您了！"武松问："你是她的丈夫？"那人回答："是啊，我老婆有眼无珠，不识泰山，请您原谅。我老婆今天做得不对，我曾多次告诫她，我们开这个店，有三种人是不能下毒的。一是云游的僧人，二是江湖上的妓女，三是流放的罪人，这三类

第九课 提高警惕，防范侵害——武松智斗孙二娘

人都是穷人,我是不能害他们的。"

孙二娘在一旁说:"我看他的包袱这么重,他又出言调戏我,就想出口气。"武松说:"我都是一个流放的犯人了,怎么可能还有心思调戏妇女,我只是看你一直盯着我的包袱,所以心中起了疑心,这才故意说些过分的话引你下手。你给我喝的酒我都偷偷倒了,我是假装中了毒试探你的,果然你准备对我不利,我这才还手的。一时冲撞了大嫂,请勿见怪。"

话说到这里,一场误会才算解除了。

糟糕的环境是犯罪滋生的温床

孙二娘的店是个著名的黑店,专门给往来的客人下蒙汗药,不仅夺人钱财,还把人做成人肉包子。现在虽然没有卖人肉包子这种事了,但是我们要是出去出差、旅游,一定要住个像样的旅馆,千万别去住那些很低档的旅店。如果你看到这个店比较复杂,外来人口比较多,又脏又乱又差,一定要躲着它,离它远一点。

美国有一个研究犯罪学的学派,叫芝加哥学派,它的前掌门人是马文·沃尔夫冈(Marvin E. Wolfgang)。沃尔夫冈有一个理论,叫同心圆理论,意思就是以一个城市的中心为圆点,向外画一个套一个的同心圆圈,越是外面的圆圈,越是在城乡接合部,比如北京四环五环结合的地方,它的犯罪率就越高,越是荒郊野外,犯罪率就越高。这也是环境犯罪学的一个理论。

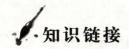 知识链接

同心圆理论

同心圆理论最早是由芝加哥学派的 E. W. 伯吉斯于1923年提出的。根据他的理论，城市可以划分成5个同心圆区域：

居中的圆形区域是中心商务区，这是整个城市的中心。

第二环是过渡区，是中心商务区的外围地区，是衰败了的居住区。

第三环是工人居住区，主要是由产业工人（蓝领工人）和低收入的白领工人居住的集合式楼房、单户住宅或较便宜的公寓组成。

第四环是良好住宅区，主要居住的是中产阶级，以公寓住宅为主。

第五环是通勤区，主要是一些富裕的、高质量的居住区，还有一些小型的卫星城，居住在这里的人大多在中心商务区上班。

沃尔夫冈还有一个理论：凡是结核病高发的地方，犯罪率就高。为什么这么说呢？在旧社会，穷人最容易得结核病，越穷的地方，得病的就越多，所以，这些地方也越容易发生犯罪事件。

上面两个理论都说明了一个道理：如果一个地方穷、乱、脏、差，社会的控制力就会减弱，犯罪率就会上升。

《水浒》里的大树十字坡就是一个脏乱差的地方，所以，在现实生活中，如果我们外出的时候遇到类似的地方，一定要小心，不管是旅游还是出差，在入住旅馆之前，都要看看这个地方的环境怎么样。

> **大伟忠告**
> 如果一个地方穷、乱、脏、差,社会的控制力就会减弱,犯罪率就会上升。

痴心胜过蒙汗药

在《水浒》里,孙二娘使用的是蒙汗药。现在很多老人到派出所报案都说自己被人家施了蒙汗药。那么社会上到底有没有蒙汗药呢?如果有,我们又该怎么防范呢?

我认为,骗子之所以能够行骗成功,不是因为他们对被害者下了蒙汗药,而是利用了被害人的痴心。我曾听到过这么一个案例:

> 一个老太太在街上走,对面来了一个人,拿出一块手表来,说:"大妈您看这手表怎么样?"老太太说:"你甭给我来这一套,我知道你这是在蒙我。"对方说:"大妈您怎么能这样呀,这是东北某某仓库着火,一共流出来20块表,一块表价值10万呐。"老太太说:"你少胡说八道,你这套伎俩我都知道。"对方又说:"您不信吗?看看这是什么。"说着,就拿出一张报纸,那老太太一看,是《人民日报》,上面白纸黑字印着"东北某某仓库着火,丢了20块表,现在以每块10万块钱的价格回收"。
>
> 老百姓就相信报纸,她不知道这《人民日报》是那骗子自己印的,看了报纸上的消息,就问对方:"那这表要多少钱啊?"对方说:"我急着用钱,您给6万吧,也不多。"老太太想了想,10万块的东西只花6万,自己算赚了4万,于是就回到家,把自己家里所有的现金、存款,还有一些证券,都给

对方了。

拿到表后,老太太高兴得不得了,心想:"这4万,给大女儿1万,给二女儿1万,给大儿子1万,给孙子1万,多好啊!"

等到晚上家里人都回来,老太太说起这事,家里人都说她被骗了。老太太马上到派出所去报案,可她不愿意说自己是因为痴心被骗的,于是她就说骗子给他下了蒙汗药。

所以,大家要记住,在现实生活中蒙汗药实际上是非常少的,当然,我这个当警察的也不敢说真的完全没有蒙汗药,只是我没见到过事实,不能下定论。但是现在许多所谓的"蒙汗药"案件,其实更多的是骗子用心理战术欺骗了你。

> **大伟忠告**
> 你的痴心比骗子的"蒙汗药"更容易让你受骗上当。

药物多风险,用药须谨慎

说到蒙汗药,不得不再提一下,中国古人对用药有很多种讲究。曾经有这么一个故事:

鸡头杀人——吴太医巧医色丞相

有一个丞相得了病,嗓子又疼又肿,咽不下唾沫,眼看就要死了,就把太医叫来了,这个太医叫吴太医。吴太医一诊脉,开了一味药,这个宰相吃了10天,基本上好了。

这10天里,吴太医都住在丞相家里照料丞相,没有回家,

太医的娘子小乔就来丞相家来看太医，结果被丞相看到了，丞相一见吴太医的妻子长得这么漂亮，就起了歹心。于是他就对吴太医说："太医你不能回家，就在这儿给我看病，什么时候看好了什么时候才能回去。"结果这一住就是一个月，丞相一直不放吴太医回家。

有一天，吴太医看到丞相偷偷摸摸地跑到后院去了，他觉得很奇怪，就偷偷跟在丞相后面，到了后院一听，里边有女人的哭泣声，再仔细一听，这不就是自己的妻子小乔的声音吗？！

他想："小乔是个小耳垂，我看看这个女人是不是小耳垂。"于是他从门缝往屋里一看，这个女人真是个小耳垂。吴太医就想："坏了，我娘子让丞相给骗到丞相府里关起来了！"于是，他赶紧跑回家一看，自己一岁的孩子因为没有奶水，已经活活饿死了。

吴太医只是一个普通的太医，是斗不过丞相的，所以他回到丞相府里，什么话没说，又开了一个药方给丞相吃。丞相吃了这副药，脖子马上又肿起来了，他马上明白吴太医给自己下了毒，想把自己置于死地。这个丞相也不是省油的灯，立刻告到皇上那儿，把吴太医抓了起来。

皇上就说："今天当着朕的面，你把这个事情说清楚。"于是吴太医就把事情的来龙去脉一五一十全说了。皇上就问："你给他开的什么药啊？"吴太医回答道："开的这味药叫半夏。半夏有麻醉喉咙的效果，它本身不是毒药。丞相平时爱吃老母鸡，养老母鸡的地方长半夏，老母鸡老是吃半夏，身上就藏了半夏的毒，丞相老吃老母鸡，就慢性中毒了，所以才会咽喉肿痛，我再给他开半夏，让他毒上加毒，这样就能置他于死地了。"

有这么一句话："十年鸡头胜砒霜。"在过去的法医学观点里，活了10年的老母鸡是不能吃的,因为它吃了好多种带毒的植物,毒素都积聚在体内。

这个故事就告诉我们,日常生活中使用药物时一定要小心,即使是看似无毒的药物,一旦药物过量,有时候也会酿成悲剧。

2009年6月25日,一代巨星迈克尔·杰克逊去世了,当时他正在为自己的演唱会做最后的准备。50出头的他正值壮年,却突然死亡,洛杉矶警方怀疑迈克尔·杰克逊是被谋杀的,而其私人医生康拉德·莫瑞也被视为重要嫌犯。

杰克逊家中到处都装有高科技监控探头,很可能记录下了他死亡时的情景,但警察发现现场有被人"清理"的痕迹,而且根本找不到相关的录像带,所以,他被谋杀的可能性非常大。

根据洛杉矶当局出具的尸检报告,迈克尔·杰克逊是死于急性异丙酚中毒。杰克逊身体状况一直欠佳,他对强力麻醉药异丙酚产生了依赖。报告中指出,杰克逊的脖子上有注射的痕迹,而异丙酚是在非正常的医疗状况下,在不具备监护仪、精密计量和复苏设备的情况下,由他人为杰克逊注射的。所以,杰克逊的死很可能就是他的私人医生过失性地用了过量的异丙酚造成的。

所以,大家在生活中对药物要有特别高的警惕性。

大伟忠告
药物的使用过犹不及,生活中用药一定要谨慎。

硬拼不是好方法,斗智斗勇是诀窍

武松看出孙二娘不怀好意,但是他并没有当场揭穿她,而是用了4招,与孙二娘进行了一场博弈。

1. 敲山震虎

孙二娘端出酒菜,武松却问:"听说你这个地方是黑店啊。"然后又指出孙二娘的包子里包的是人肉。这就先震她一下,让她知道自己对她的所作所为是清楚的。

2. 打探虚实

武松看孙二娘打扮得花枝招展的,却是一脸匪气,就想要摸清楚对方的情况,于是才问孙二娘:"你老公在家吗?"

3. 欲擒故纵

武松说孙二娘的酒太淡了,让孙二娘拿点好酒上来,那时候他就知道孙二娘会给他们下了药的酒,但他并不揭穿,反而故意给了孙二娘拿酒的机会。

4. 将计就计

武松见两个差人都倒下了,自己也假装倒下了,引得孙二娘上前来,然后在她毫无准备的情况下将她制伏。

这就是武松的计谋,如果他当时说自己没有喝下了药的酒,说不定孙二娘还会用别的招数把他制住,所以他才将计就计,成功自保。

这也是我们要告诉大家的,不管是你还是你的孩子,如果要到外地念书、打工,在遇到危险的时候,一定要有自己的小算盘,要沉着冷静,不要和坏人硬碰硬,你打不过坏人,就要将计就计,放长线钓大鱼,千万不要盲目冲动。

> **大伟忠告**
>
> 当我们遇到犯罪侵害的时候,首先要保证自己的平安,然后要善于和犯罪分子斗智斗勇,这应是每个人一生的座右铭。

平安成长比成功更重要——儿童10大宣言

现在的爸爸妈妈都希望自己的孩子上北京的名牌大学,这种想法固然没错,但是对孩子而言,名牌大学的文凭并非最重要的。

北京一所名牌大学的团支部书记是个女孩,这个女孩子长得要个头有个头,要模样有模样。晚上出去打的,司机一看她长得这么好看,就把她强奸了。这个女孩子被强奸后说了一句话,就因为这一句话,这司机拿出刀来一刀把她杀了。

这女孩子说了一句什么话呢?这女孩子说:"我记住你长什么样了,我一定要报案!"这司机心说那我还留你干啥呀,就一刀把她杀了。

后来警察把这个司机抓住了,经审问得知,他强奸了16个女孩子,这16个女孩子都没说这句话,都把命保住了,而恰恰是这所名牌大学的女孩子,一个团支部书记,却因这一句话引来了杀身大祸。

案件中的女孩应该是一个各方面都很优秀的孩子,可她却不知道该怎样保护自己,因为一句不合时宜的话,她惨死在歹徒的刀下。如果她了解一些自我保护的知识,或许就不会酿成惨剧了。所以,

我们一定要教会孩子们在面对危险的时候,应该如何自救。

我在英国念书的时候,听说英国有一个"儿童10大宣言",让每个孩子都要知道儿童有哪些权利。现在我把这个"10大宣言"引进到国内,我要告诉大家:孩子平安成长比成功更重要。

安全的权利

任何人不能剥夺儿童的权利,告诉孩子,儿童的安全重于一切。念书固然重要,比念书更重要的是安全。每个孩子都要知道,平安成长比成功更重要。

保护自己身体的权利

这一点就是前面提到的,从小就要教育孩子:小背心小裤衩覆盖的地方,不许别人抚摸,不管男孩女孩,都不让人家摸,任何一个叔叔阿姨都不可以摸。

生命第一的权利

要让孩子记住:生命第一,财产第二。爸爸给你买了一辆新自行车,妈妈给你买了一个新书包,到街上让坏蛋抢了,怎么办?抢了就抢了,没什么,不要跟坏蛋去争。你的生命远比这辆自行车、这个书包重要得多。

向爸爸妈妈讲真话的权利

小小秘密藏心底,
谁也不能告诉你,
坏蛋要是欺负你,
告诉妈妈要牢记。

好多女孩子被性侵害之后，不敢跟妈妈说，这是不行的。你这样做，时间长了坏蛋会更猖獗。

拒绝毒品与危险品的权利

有权不听陌生人的话，不喝陌生人的饮料，不吃陌生人的糖果；有权对毒品、烟酒坚决说不，这就能保护自己。

不与陌生人打交道的权利

"不和陌生人说话"，这句话是我从英国引进来的。这句话刚引进中国三五年的时候，所有人都说："我们现在讲'五讲四美三热爱'，你让孩子不和陌生人说话，对吗？"我的回答是："对，但是你要礼貌地说'不'。"

所有的人质劫持案件、绑架案件几乎都是从跟孩子说话开始的。比如你遇到一个小朋友，你问他："小朋友你叫什么呀？"小朋友一般都会告诉你。碰到这种情况，我们家长就要告诉自己的孩子，如果有陌生人问你叫什么名字，和你说话，一定不要答理他。

有的小朋友遇到陌生人问自己的名字，一上来就说："跟你说有什么用？我不说！"这样做是对的，但是不礼貌，你应该礼貌地告诉他："对不起，我不告诉你。"这样做就更对了。

我还曾经遇到一个很幽默的小朋友，我问他叫什么，他说："对不起，我爸爸还没给我起名字呢。"这就是既礼貌又幽默的回答。

紧急避险的权利

大家都知道司马光打破缸救人的故事吧？家长要告诉孩子："如果家里真的遇到了火灾、水灾之类的大事，你可以把家具破坏了，可以把玻璃砸碎了，爸爸妈妈是不会批评你的。"

果断逃生的权利

唐山大地震那年,当时地震的时候,北京也有震感,我就本能地往外跑。后来,我妈妈就批评我,说我不该光顾自己跑,应该把姥姥搀出去。这件事让我内疚了半辈子。

但仔细再一想,我妈妈说的话其实也不全对。实际上,在地震的瞬间,孩子能跑出去就让他跑出去。这就要求我们思想上要转变,要果断地逃生,孩子如果能够自己先跑出去,就不要去管大人。因为孩子没有帮助大人的能力,你让他把姥姥搀出去,实际上他没有这个能力。

面对侵害不遵守诺言的权利

有好多坏人欺负小女孩,还说:"这是咱俩的小秘密,你不要告诉别人。"这样不行,对坏人,你当面答应了,等安全的时候一定不能遵守这个诺言。

对坏人可以不讲真话的权利

我问过很多孩子,说:"坏蛋能骗么?"他们基本上都回答我说:"不行,老师说了骗人不对。"这个思想要打破,对坏人是可以不讲真话的。

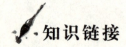知识链接

儿童10大宣言

1. 安全的权利——平安成长比成功更重要;
2. 保护自己身体的权利——背心裤衩覆盖的地方不许别人

摸；

3. 生命第一的权利——生命第一，财产第二；

4. 向爸爸妈妈讲真话的权利——小秘密要告诉妈妈；

5. 拒绝毒品与危险品的权利——不喝陌生人的饮料，不吃陌生人的糖果；

6. 不与陌生人打交道的权利——不和陌生人说话；

7. 紧急避险的权利——遇到危险可以打破玻璃，破坏家具；

8. 果断逃生的权利——遇到危险可以自己先跑；

9. 面对侵害不遵守诺言的权利——不保守坏人的秘密；

10. 对坏人可以不讲真话的权利——坏人可以骗。

新时代的"贼经"

孙二娘的老公说自己不害三种人，这就是古代的"贼经"，现在也有"贼经"。在北京警方破获的偷盗团伙中，就流行着"一三五偷，二四六不偷，阴天下雨不偷，心情不好不偷"的说法。

除了这个，现在的贼还有一招，叫"四听八看"。

贼四听

1. 一听：敲门听反应

有的贼会挨家挨户地敲门，如果有人应门，他就会说："对不起，我走错了。"如果没有反应，他就会行窃。

2. 二听：窗户里边风

如果家里有人，窗户是打开的，里边就可能有风声。贼听到风声，就不会下手。

3. 三听：睡觉打呼噜

4. 四听：楼道脚步声

贼八看

1. 一看：电表转动

现在好多人家的电表、水表都安在屋子外面，小偷到你家偷东西之前，一般都会在外面看你家的电表、水表转不转，如果没转，就说明你家没人。

2. 二看：物业打分排名

偷东西的时候先上网。查这个小区的物业排名，如果这个小区的物业排名非常靠后，就说明这个小区疏于防范，他就偷。

3. 三看：破窗

哪家的窗户破了，长时间没人修理，就说明这家经常没人。

4. 四看：报纸与牛奶

咱们好多人家的门口都有报箱，小偷一看这报箱里的报纸满了，说明这家人出差了，家里经常没有人。

5. 五看：门口灰土

看看门口有没有尘土，看看这一溜窗户，哪家窗户擦得不干净他就偷，因为家里没有人。所以大家星期天在家没事的时候，一定要把窗户擦干净，不只是为了清洁，也为了防贼。

6. 六看：老式防盗门

咱们现在新的防盗门是一块硬板，但是老式的防盗门是一条一条的，小偷从底下拿撬杠一撬就开了。

7. 七看：小区保安

8. 八看：小区照明

了解了这些新时代的"贼经"，你就会知道平时自己应该怎么防贼了。

本课小结

- 出门在外一定要先看好周边环境，千万不要住那些很低档的旅店，如果你看到这个店比较复杂，外来人口比较多，挺脏乱差的，一定要躲着它，离它远一点。
- 骗子之所以能够行骗成功，不是他们用了蒙汗药，而是利用了被害人的痴心。
- 遇到坏人的时候千万不要硬拼，要将计就计，伺机而动。
- 家长一定要记住：孩子的平安成长比成功更加重要。要把"儿童10大宣言"教给孩子。
- 了解新时代的"贼经"，知己知彼，才能有效防范盗贼。

第十课

助人也要有技巧
——鲁智深英雄救美

路上遇到大坏蛋,
身边不见小伙伴,
记住特征告家长,
见义巧为记心间。

生活中有三种英雄救美的模式。

第一种是佐罗模式。小时候电影里总是演：佐罗救了个美女，然后两个人骑着马跑到森林里去，从此过着幸福的生活。——他救这个美女，是要和这个美女结婚的。

第二种是宋江模式。宋江救了美女阎婆惜，虽然最初他没有想娶阎婆惜，但最后实际上还是把她纳为小妾，跟她共同生活了。

第三种是鲁智深模式。鲁智深多次救过美女，但他一不要嘉奖，二不要美女以身相许，这就叫高风亮节。鲁智深刚烈豪放、刚正不阿、不爱约束、自由自在，可谓赤条条来去无牵挂，想怎么着就怎么着。他是自由的，痛的是自己，痛快的也是自己。

所以我们说，这三种救美模式里，鲁智深最高贵。

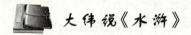

鲁智深拳打镇关西

这一天，鲁智深、史进、李忠三个人到酒馆里去喝酒，正喝得高兴的时候，听见隔壁有一个女孩子哭哭啼啼的，鲁智深很生气，便叫人把那个哭泣的女孩叫来，问她为什么哭。原来，这个卖唱的姑娘叫金翠莲，她被当地的黑社会组织的头子镇关西包为二奶，后来又被遗弃了，还背了一身的债，所以在酒店里卖唱。

鲁智深疾恶如仇，听了这个女孩的诉说，一拍桌子便说："我马上就去教训镇关西一顿！"史进和李忠说："大哥，你别冲动啊，千万别去！"

鲁智深很仗义，他对史进和李忠说："我今天身上也没有多少钱，你们两个人有多少钱？咱们凑一凑，我要救这个女孩。"

于是三个人凑了十五两银子,然后鲁智深给了卖唱女,说:"明天早晨,你们赶紧离开这个地方。"

鲁智深是个粗中有细的人,他怕店小二偷偷地去给镇关西送信,所以就搬了个板凳守在门口,让这个女孩和她爸爸赶紧逃跑,这样,谁也不敢追这个女孩了。他在门口一直坐了四个小时,估计女孩和她爸爸都已经跑远了,这才起身去找镇关西算账去了。

镇关西是个卖猪肉的,鲁智深一看到镇关西就来气,他上前就说:"我要十斤精瘦肉,你给我切成肉馅,不许有半点肥的在上面。"镇关西是个马屁精,一看是鲁提辖鲁智深,连忙切了十斤瘦肉开始剁馅,剁了一个多小时才剁好,于是他拿荷叶包好了递给鲁智深。

鲁智深说:"不着急,你给我再切十斤肥肉,剁成馅,不许有一点瘦肉沾上。"镇关西又按照吩咐,折腾到快中午了,才把肉馅剁好。然后他对鲁智深说:"您看我是不是包好了给您送去?"

鲁智深说:"别急,你再给我切十斤寸筋软骨,也细细地剁成馅,不许有一点肉沾在上面。"这个时候镇关西就知道了,原来鲁智深是要他的,就说:"原来你是来找茬的。"鲁智深一听这话,顺手拿起那两包肉馅,砸在镇关西头上,说:"是又怎样!"

就这样,两人就打了起来。镇关西操起案板上的刀就扑向鲁智深,鲁智深一躲,一把揪住镇关西的衣领,说:"你这个人渣,说,你是怎样欺负金翠莲的!"说着就一拳打在镇关西的鼻梁上,打得他鲜血直流,镇关西倒在地上,感觉"便似开了个油铺:咸的、酸的、辣的,一发都滚出来"。镇关西爬不起来,尖刀也扔在一边,但嘴上还在较劲,直说:"打得好!"

第十课 助人也要有技巧——鲁智深英雄救美

《水浒》人生手册

鲁智深说:"你还敢还口啊!"走上去揪住镇关西又是一拳,这一拳打在镇关西的眼眶上,打得他"眼棱缝裂,乌珠迸出,也似开了个彩帛铺:红的、黑的、紫的,都绽将出来"。

这时候镇关西有些招架不住了,便连连讨饶。鲁智深说:"你要是不叫饶,我可能就不打你了,你要说讨饶,我今天还不饶你。"说着,第三拳又打在太阳穴上,镇关西感觉耳朵"嗡嗡"的,"却似做了一全堂水陆的道场:磬儿、钹儿、铙儿,一齐响"。

就这样,镇关西挨了鲁智深三拳,死了。鲁智深吓坏了,本来是想教训教训他,没想到把他打死了。鲁智深眼睛一转,说:"你诈死,我不理会你。"骂了两句,就赶快走了。

· · · ·

鲁智深是个当官的,叫经略府提辖,相当于现在的西北军区副师级参谋长。他生得面圆耳大,鼻直口方,脸颊旁边都是络腮胡子,身长8尺,腰阔10围,是一个典型的英雄形象。他是多血质外倾型的,性格冲动,疾恶如仇,是一个好心肠的人,经常见义勇为。

人称"2009年第一纯爷们"的英雄——"抢车男"郭小亮曾经不安地问我:"抢劫犯要是重伤了我,怎么办?"这就引出了一个话题:还要不要见义勇为?

见义勇为 VS 见义巧为

2009年12月19日清晨6点多,一名女青年走到温州市东游路新南亚大酒店附近时,遭遇飞车抢劫。正好被骑自行车路过这里的郭小亮看见,于是他抢起自行车,砸向飞驰而来的摩托车,两名歹徒应声落地,一名歹徒被酒店保安及周围群众合力制伏。酒店监控探头拍下了全过程，这段视频在网络上公布后，引来许多网友的讨论，而见义勇为的郭小亮也迅速走红网络。

有一次，郭小亮跟我一起做节目的时候，他问我："老师啊，我现在有两个问题要问：第一，要是我当时把这个犯罪分子砸死了怎么办？第二，他要是到监狱里关两年放出来，再来报复我，怎么办？"可以看出，他其实心里特别后怕，尤其是视频点击率这么高，他平时就更加低调了。

那么，当我们看到女孩子被坏蛋欺负的时候，应该怎么办呢？两个办法：能救的见义勇为；不能救的见义巧为，暗中去救。这就是我们要教给孩子们的。如果你有力量，你就去救助；如果你没有力量，就不能够救助。这就叫见义勇为和见义巧为。

路上遇到大坏蛋，
身边不见小伙伴，
记住特征告家长，
见义巧为记心间。

鲁智深是见义勇为的大英雄，但是如果你是一个弱小的孩子，或者是一个女同志，遇到这种情况，就得见义巧为了。

大伟忠告

　　面对突发事件，未成年人如果没有能力救助，可以记住特征或时间与地点，告诉成年人，寻求帮助，这叫做"见义巧为"。

有一个真实的案例,这是我亲眼所见的,也是个悲剧:

有一年下大雪,一条河全都冻成冰了。我在河边走,突然看到被冻成冰的河面上冻了一顶小孩的棉帽子,一种不祥的感觉就涌上心头。

这时有好事的人把冰砸碎了,拿着钩子去钩那个帽子,结果钩出一个十七八岁的小伙子来,漂漂亮亮白里透红的,冻死了,就跟睡着了一样。再往前大约10米,又看见冰上露出一个大衣角,再一钩,又钩出一个小伙子,也是白里透红的,他的两个胳膊往后弯着。

这个时候大家就害怕了,就赶快把船找来了,把人也找来,开始凿冰,到了中午,在河的岸边又钩出一个小伙子。

这三个小伙子都是大学生,都死在冰里了,这是怎么回事呢?来破案的警察分析半天,到最后弄明白了,这三个孩子晚上在酒馆里,喝了9瓶啤酒,回学校的路上有个孩子想撒尿,整个河都冻了,就中间有一个小窟窿没冻,这个小伙子一淘气,非得朝这个小窟窿里头撒尿,刚走到这个洞的旁边,冰就碎了,这个小伙子一下子就掉进河里了。另一个小伙子一看,马上跑过去救人,结果一下子也掉进去了。剩下那个小伙子特别擅长游泳,他也不害怕,一下子跳到河里去救同伴,结果刚跳到冰水里,两秒钟就冻得不行了,于是他马上往岸边游,到了岸边往上一推,坏了,上边的冰都冻得死死的,根本推不动。就这样,三个小伙子都冻死在水里了。

爸爸妈妈把孩子培养到18岁,送到大城市里去上大学,结果这些孩子都冻死在河里了,这是多大的一个悲剧啊!这条河离学校只有100米,如果第一个孩子掉进去,第二个孩子马上跑到学校去叫人,三个孩子一个都不会死。这三个孩子都是大学生,可是谁都不知道这个道理，掉进去一个想救一个，结果救人者也掉了下去，最后这三个孩子都不幸死去。

所以我们要教孩子，遇到这种情况，要见义巧为。

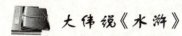大伟说《水浒》

鲁智深大闹桃花村

鲁智深去东京，路过山水秀丽的桃花村，住在刘太公家里。刘太公跟鲁智深说："今天晚上你住在这儿行，可是今天晚上要是有动静，你可不能伸脑袋出去看。"鲁智深问为什么，刘太公回答说："今天晚上我女儿结婚。"鲁智深说："刘太公，您怎么这么糊涂呢，女儿结婚是大事，我也给你随份子钱，陪你喝点喜酒。"刘太公说："哎，我女儿被土匪看上了，今天晚上要来抢亲，没有办法。"鲁智深说："这不要紧，我是谈判专家啊，我就是能说，今天晚上我一定要把这土匪说得让他回心转意。"

到了晚上，鲁智深披上红盖头，穿上红嫁衣，坐在床上。这时候土匪来了，说："娘子为何不出来接我？你别害羞啊，跟了我，你就是压寨夫人了。"说着就要来摸他的"娘子"，一下子摸到鲁智深的肚皮上了。鲁智深趁势把他的脑袋揪住，按在地上痛打了一顿，把他打跑了。

刘太公见状，说："哎，这可如何是好啊，你说你能够说服他，可话没说几句，却把他打伤了，他们肯定不会放过我们一家的。"鲁智深说："别怕，我在这里等着他们来算账。"果然，没过多久，就有一帮土匪来到了刘太公家。鲁智深一看，领头的土匪正是自己的好朋友李忠，原来他是山寨的大头领，被他打了一顿的是山寨的二头领，叫周通。

鲁智深一看,这事好办了,于是便叫人用轿子把刘太公抬上了山,然后他找到周通,对他说:"刘太公就这么一个女儿,他还指望女儿为自己延续香火,养老送终呢,你要是娶了他女儿,他老人家就无所依靠了,多可怜呀。要不然你听我一句劝,另外再找一个好姑娘,就不要再去骚扰他们了。"周通听了这番话,心想是这个道理,于是就答应了,这件事也就圆满解决了。

鲁智深成功劝服了周通,在现在看来,他就是谈判专家。现在的人质劫持案也时有发生,所以谈判专家的作用是很重要的。

走近谈判专家

谈判专家一共分三种:

孔明式的谈判专家

年龄应在四五十,

语速较慢很扎实,

无论俊丑有爱心,

一言九鼎诚可知。

什么意思?一个男同志四五十岁,说话很慢,一言九鼎。这是标准的谈判专家。

常山赵子龙式的谈判专家

三四十岁正当年,

笑谈人生价值观，

乐观坚定有魅力，

称兄道弟义在前。

赵子龙式的谈判专家一般都很年轻。我认识一个刑警队长，是个小伙子，30多岁，很干练，他就是这样的谈判专家。

有一次，犯罪分子拿着炸药包准备引爆，旁边都是人质，这个刑警队长就去和犯罪分子谈判。谈着谈着，犯罪分子突然破口大骂，用土话骂这个刑警队长，这个刑警队长也是当地人，马上也用土话和犯罪分子对骂，骂了大约有20分钟，结果犯罪分子骂不过他，就举手投降了。

孝庄皇太后式的谈判专家

清军和明军打了一仗，清军的三军总司令是皇太极，明军的三军总司令是洪承畴。结果明军战败，洪承畴被俘虏了，他不吃不喝，想绝食而死，坚决不投降。皇太极派来了好多说客，都失败了。眼看洪承畴就要死了，有一天，进来一个漂漂亮亮的小媳妇儿，穿一身蓝碎花小白褂，手里提着一个篓子，篓子里是一碗鸡汤。她见到洪承畴就微微一笑，说："将军何必啊，人生苦短啊。"洪承畴睁眼一看，心想："哎呀，这么漂亮的女子都来看我了，我还真舍不得死了。"于是就喝了鸡汤，投降了皇太极。

这就叫"一把钥匙开一把锁"，有的时候女同志当谈判专家，比男同志效果更好。

有的人也许会问："我又不是警察，我这辈子当什么谈判专家？"

当不了谈判专家不要紧,但你得学些谈判的技巧。在你周围,或许就有想不开的,你可以给他做做工作,和他谈谈心,也许就能化解他心中的抑郁。

生活中同样需要谈判专家。

掌握劝人的技巧

现在大家的压力都很大,生活都很辛苦,比如说现在考大学,好多孩子考不上,在家里憋屈郁闷。我有一次在网上看见这么一件事情:

有个孩子考大学,她妈妈下了大功夫,结果这个孩子还是没考上,回家后不敢抬头见她妈妈,就怕挨骂。她妈妈看见孩子这个样子,知道她肯定考得不好,就说:"孩子,考不上不要紧,咱能当一棵大树就当一棵大树,当不了大树就当一棵小草呗。"小姑娘听了,心情一下子就轻松了,说:"哎呀,妈,您怎么这么会说话呀!太谢谢您了,我一定要当一棵最美丽的小草!"她妈妈说:"这不是我说的,这是我在网上看王大伟说的。"

所以,当我们的孩子遇到问题的时候,我们可以跟他正面地讲,要学会劝孩子不要想不开,而不要一味地责骂他。

生活中的自杀原因有很多种,有的是因为感情,有的是因为生活平淡,有的是因为考不上大学,也有的是因为自己长得不好。如果在你周围有人存在类似的想法，如果你掌握一些谈判、劝人的技巧，那你就能开导他，就能帮助他，就能把他引上希望的道路。

有这么一个故事：

一个女孩子长了一副龅牙，她是个歌手，所以她每次唱歌的时候都用上嘴唇和下嘴唇包着牙唱。后来有一个好心人就问她："丫头，你唱歌的时候干吗嘴老绷着呀？"她回答道："哎，你不知道我的牙长得有多丑。"这个好心人就说："姑娘，你不要这样，人家是听你唱歌的嗓子好不好，而不是看你的牙丑不丑。下次你唱的时候，就张开嘴好好唱，不要顾忌你的牙。"这个姑娘就答应了，后来她唱歌就放开了，也不想这牙有多丑了，把所有的注意力都集中在唱歌上，结果越唱越好，最终成了美国一等一的歌星。

所以，只要你认真地去做你的工作，你的长相如何并不是很重要的。我从小就知道我长得丑，但是丑不要紧啊，丑也可以好好工作呀。有这么一句话："唯大英雄能本色，是真名士自风流。"对于我们每个人而言，爹妈给了我们什么长相不要紧，重要的是我们要好好地工作，好好地学习。如果下次你也遇到有这种忧虑的人，你就可以用这个故事去开导他了。

❀ 本课小结 ❀

- 助人为乐，要量力而行。如果你有力量，能救助别人，就见义勇为；如果你力量弱，不能直接去救，那就见义巧为，暗中去救。

- 要做生活中的"谈判专家"，要学习一些谈判、劝人的技巧，这些技巧可以用来帮助别人。

第十一课

小心形形色色的骗子
——李逵遭遇李鬼

第一孝子是李逵，
做了善事命要没，
救了美女放鸽子，
好人小心子母雷。

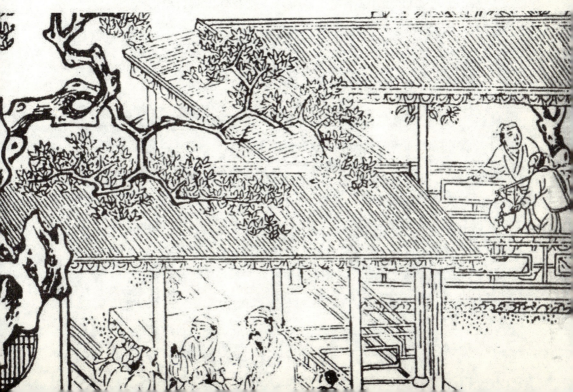

说到《水浒》，不得不提这么一个人，叫"黑旋风"李逵，他小名叫铁牛，在梁山泊排名第22位，一身的横肉，外貌粗鲁黝黑，兵器是两把板斧。李逵性格纯真、浑厚、鲁莽、冲动，是个大孝子。他看到大家都要把自己的爸爸妈妈接上山，就不高兴了，说："你们都有爹有娘的，难道我铁牛是从石头缝里蹦出来的吗？我也要回家接我娘！"宋江答应了，还给他钱做路费。

李逵是《水浒》里的一个大英雄，他对宋江最忠，对母亲最孝。他回家接他娘就是为了行孝。什么叫"孝"呢？"生事之以礼，死葬之以礼"，这就是"孝"。

爸爸妈妈在世的时候，我们要好好地行孝，好好地照顾他们。有的人想，我现在太忙了，没法给我妈行孝啊，等到我将来老了退休了，有工夫了再给我妈行孝。这种想法是不对的。有这样一句话："树欲静而风不止，子欲养而亲不待。"等你真的想给你妈行孝的时候，你妈妈可能早就不在了，所以，现在你就得行孝。

《二十四孝》里有这么一个故事：

芦衣顺母

孔子最得意的门生七十二贤人里有一个叫闵子骞。闵子骞小的时候妈妈就死了，他爸爸又娶了个后妈，生了两个弟弟。有一年冬天，天下着大雪，三个兄弟都拽着绳子，拉着车往前走，他爸爸在车上赶车。闵子骞的手冻得冷了，一下子没拿住，拽着的绳子掉在地上了，他爸爸很生气，顺手就给了他一鞭子，说："你怎么这么能偷懒啊！"这一鞭子抽下去，他爸爸却看得目瞪口呆，他发现闵子骞的棉袄里不是棉花。

这是怎么回事呢？原来后妈给两个亲儿子做的是真的棉袄，给这个前妻生的儿子用的却是芦花。他爸爸知道之后，特别生气,回家就写了一封休书要离婚,说:"你怎么能这么虐待我儿子!"这个后妈也知道错了,在旁边一直哭。

这时候,闵子骞一下子就给他爸爸跪下了,说:"爸,您别这样,您要是把我妈休了,我是没事了,我这俩弟弟可就没妈了。您能不能别休我妈,咱们一家人好好过日子,这样多好啊。"听了这番话,他爸爸的怒气就消了,也想明白了。

闵子骞后来成为孔子的大弟子,排行七十二贤人之首。

在"孝"这个问题上,我有一个观点:人这一生有7件事不做,会终身遗憾。

第一件事,上小学的那天,给爸爸妈妈好好敬个礼,鞠个躬,谢谢爸爸妈妈。

第二件事,第一次领工资,不管领多少钱,给爸爸妈妈买点礼品。

第三件事,结婚的时候,给爸爸妈妈好好鞠个躬,"一拜天地、二拜高堂、夫妻对拜",谢谢爸爸妈妈养育我们。

第四件事,给爸爸妈妈过生日。

第五件事,爸爸妈妈的银婚、金婚纪念日,好好地花点钱给爸爸妈妈庆祝庆祝。

第六件事,爸爸妈妈如果去世了,作为家里的男孩子,必须下跪行礼,送爸爸妈妈走,不能含糊。

第七件事,爸爸妈妈去世了,每到过年过节,都要追忆父母的恩情。

这7件事绝不能马虎,这就叫"孝"。

大伟忠告

爸爸妈妈在世的时候,我们要好好地行孝,好好地照顾他们。

李逵要回家接妈妈上山,就引出了真假李逵的故事。

大伟说《水浒》

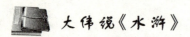

真假李逵

李逵回家接娘的路上,走着走着,突然树林里蹿出一条大汉,冲着李逵喊了一声:"留下买路钱!"李逵一看这个人,带着一个红色的头巾,穿着一个粗布的黑袄,手里拿着两把板斧,满脸用锅底灰抹得乌黑,这就是假李逵。

李逵觉得很有意思,就问:"你叫什么名字?居然敢挡我的去路!"没想到假李逵说:"行不更名,坐不改姓,我要说出来把你吓死,我就是你黑爷爷李逵。你要留下买路钱,我就饶你小命,让你过去。"李逵一笑,说:"你这小子是什么人?哪里来的?也敢冒充爷爷的名字!"说着,就抡起板斧,没几下就把假李逵打倒在地。

假李逵连连求饶,说:"小人虽然姓李,却不是真的黑旋风,全因为爷爷您在江湖上名声太大了,一提起来好汉都知道,就算是神鬼也怕您三分。因此小人就想借着爷爷的名字,在这里胡乱偷点抢点。但凡是单独的客人经过这儿,不用我动手,我一说'黑旋风'三个字,他们就吓得把行李一扔就跑了。其实我真名叫李鬼,就住在前面的村子里。"

李逵一听,说:"你这小子太过分了,居然在这里学着我使两把板斧，夺人包袱行李，坏了我的名声。你先吃我一板斧！"说着上去就要给李鬼一板斧，眼看这把板斧就要把李鬼的脑袋砍下来了，李鬼大喊："黑爷爷，您杀我一个人，便是杀我两个人！"李逵把板斧放下，问："我怎么杀你一个，就是杀你两个？"李鬼回答道："我家中有一个九十多岁的老妈妈，虽然我出来干的是打家劫舍的勾当，但也是为了养活我妈妈，您要是把我杀了，我妈妈就该饿死了。"李逵一听，心想："我回家接我妈妈就是要行孝，我是大孝子，要是我把这个孝子杀了，对不起我的信仰啊！"于是，李逵拿出一大锭银子给李鬼，说："看你也是个孝子，我今天就饶了你，你拿着这钱去做点小买卖吧，以后别再冒充我行骗了。"

善待行乞的人

李鬼遇到了李逵，装出一副可怜相，最终保住了小命。

助人为乐是中华民族的传统美德。在现实生活中，如果有人利用你的善良和乐于助人的美德骗取钱财，你又该如何应对呢？我们在生活中，会遇到很多可怜的人，比如说乞丐。当然，现在有一些乞丐是伪装的，对于这些人，我们可以少量地给点钱了事，因为我们坚信：世界上有真善美。

我对我的学生有这么一条规定："要是你看见要饭的人，都要给钱，你要是不给钱，就不算我王大伟师门的人。而且，你给人家钱，不能把钱往地上一扔，你得把钱放到要饭人的手里，然后再拍拍他的肩膀说：'不要紧，朋友，明天会更好。'"

为什么我要这么要求我的学生？这都是我妈妈言传身教的结果。

我小时候见到过一个要饭的人，他双目失明，一只手抱着一个

两岁的男孩，另一只手牵着一个六七岁的女孩。当时我正好和我妈妈在饭馆里吃饭，看见这个盲人买了一小碗米饭，分给儿女吃，自己却一口没吃。那时候，我家的经济条件也不是很好，可我妈妈还是给他们买了一碗鸡蛋汤。

所以，从那以后，我见到要饭的，总会给人家一点钱，而我也是这样教育我的孩子和我的学生的。可是现在骗子实在是太多了。

有一次我去北京西单图书大厦买书，刚从书店出来，就有一个30岁左右的女人把我挡住了，她个子不高，长得不难看，穿一身雪白的衣服。她一挡住我，就对我说："大哥，别走。"我问她什么事，她说："我是外地人，我跟我老公打架了，一个人跑到北京来，我已经6天没吃没喝了，你能不能给我点钱？"我马上从兜里掏出20块钱给她。

可是，她还是挡着不让我走，又对我说："大哥，我是××省的人，你能不能跟我嫂子说一下，我嫂子还在家呢。"于是，我把手机拿出来，拨通了她说的那个号码（还真是那个省的区号），那边一个女人接了，我就说："你妹妹在北京，6天没有吃饭了，你能不能来接她一下？"这时候，这个女人就跟我说："大哥，你干脆送我回家吧，你给我150块钱，我买张火车票就能回家了。"我就跟她"嫂子"说："你妹妹管我要150块钱，说是买车票回家。"她的"嫂子"在那边一笑，说："大哥你甭听她的，那是卧铺的价，你给她买张硬座就行了，60块钱就够了。"我把电话放下，又从兜里掏出60块钱给了这个女人。

正当我准备走的时候，她又把我拦住了，说："大哥，你救人救到底吧，我下了火车，还有15块钱的长途汽车费呢，你一块儿给我好不好？"于是我又给了她15块钱。

这个时候我要走了，走之前我对她说："姑娘你赶快回家吧,这个地方的骗子可不少,你可别让骗子给骗了。"

其实这个时候,我已经知道她百分之百是个骗子了——世界上哪有脸皮这么厚的人,一次又一次地要钱呢?而且那时候是夏天,她身上一股香水味,哪有6天不吃不喝的人,衣服雪白,还散发着香水味呢?

你可能会觉得奇怪,为什么我明明知道她是骗子,还要给她钱?我是这么想的:我要是真的当场揭穿她,她就一点尊严都没有了,我现在帮助了她,她将来总有一天会醒悟。她会回想起在北京一个美丽的夏夜里,有一个人看透她是骗子,却一次又一次地给她钱。我这么做,就是想告诉她,人间有真善美。

所以,我们遇到伪装得很可怜的骗子,少给他一点钱,把他打发走,是可以的。但是,如果遇到抱着婴儿乞讨的女人,千万不能给她钱,你得马上找一个僻静的地方,拨打110。因为她怀里抱着的孩子90%都是拐骗来的。

>路遇女孩真可怜,
>馅饼亲情加震撼,
>定睛一看白骨精,
>怀中孩子多拐骗。

那么,如果遇到坑害你的小人,应该怎么办呢?你坚决不能向他妥协!遇到杀人不眨眼的罪犯侵害到你的时候,坚决地和他斗争,绝不屈服,这也是我们要教给孩子的。

比如李逵,李逵遇到的小人是谁?就是李鬼,李逵放了李鬼,可李鬼夫妻两人恩将仇报,设计实施麻醉抢劫。

大伟说《水浒》

李逵怒杀李鬼

李逵把李鬼给放了，继续往前走，天色渐渐黑了下来，他看到不远处有两间茅草屋，于是就走到屋子前面，正好看见屋里走出一个妇人，他对这个妇人说："大嫂，我是过路的，旁边也没有饭店，也没有吃的，您能不能给我做点饭吃啊？我多给您银子，您看行吗？"妇人说："行，没问题。"

这个妇人正给他做饭的时候，李逵就到屋后去洗手，这时，李鬼从远处一瘸一拐地走过来了。李鬼一见到这个妇人，就说："哎呀，我今天可倒了大霉了，撞上真的李逵了，要不是我骗他说我家里有九十多岁的老母，他早就把我杀了。这个李逵是个傻子，不仅相信了我的谎话，还给了我一锭银子呢。我拿了银子，怕再遇上他，就在山旁边睡了一觉，睡醒了我才回来的。"妇人一听，赶紧说："你小声点，刚才一个黑大汉来到咱们家里，我正要做饭给他吃，莫非就是他吗？你去看看，要真是李逵，你赶快去拿咱们家的蒙汗药，放在菜里头让他吃，先把他麻翻在地，然后我们把他杀了，抢了他的钱到县里做生意去。"

李逵一听，气不打一处来，心想："我做了这么大的好事，还给了你一锭银子，结果你到这儿来又要谋害我。"所以，李逵冲上前去，这一次他没有手软，一下子就把李鬼给杀了，只是让那个妇人逃掉了，然后他一把火把李鬼的家烧了个精光。

火车上的防身技能

山间的茅草屋，充满了危险。所以现在大家出门在外要非常小心,虽然现在我们很少去荒郊野外,虽然没有大树十字坡的黑店,可是我们出门在外,也要小心。

我常常在想,不光孩子要有"10大宣言",我们大人也要有一些防身技能,比如坐火车的时候,要记住几句话:

> 上了火车要低调,
> 金表名牌尽量少。
> 聊天一路不涉己,
> 对面美女心莫跳。
> 不喝对方的饮料,
> 起身回来茶倒掉。

"上了火车要低调,金表名牌尽量少。"坐火车一定别穿名牌。我们单位有个女同志去张家界,去之前,她还专门把头发烫了,还戴上了金耳环,我一看,就对她说:"不行,你赶紧回家洗头发,把金耳环都摘下来。"为什么?因为灰头土脸地坐火车是最安全的。

"聊天一路不涉己,对面美女心莫跳。"坐火车的时候一定要记住,千万不要和其他人说自己的情况,你可以聊萨达姆,你可以聊足球,聊什么都行,就是不要聊自己。

"不喝对方的饮料,起身回来茶倒掉。"有一个真实的案例,是我从济南铁路局公安处知道的。

在软卧车厢,一个老头提着个塑料袋上来了,对面两个小伙子一看这个老头上来了,就拿了一罐饮料,说:"老大爷你喝吧。"老头一看,这个饮料盖没打开,他就自己打开"咕嘟咕嘟"喝了。喝完后再看这两个小伙子,正对着他笑呢,他问:"你们笑什么呀?"对方说:"你怎么还不倒呀?"正说到

这里,这个老头一下子就昏过去了,两个小伙子打开老头的塑料袋一看,里面有好多现金(事后发现一共157万),于是两人拿了钱赶紧逃走了。

老头醒来一看,钱没了,叫苦不迭,赶紧报了案,警察很有办法,他们按照老头的描述,画出了这两个小伙子的画像,贴在火车站,贴了三天没人认识。于是,警察又换了种思路,把这画像贴到了监狱里,认得两人的犯人一看,纷纷要求举报这两人,以求立功。

所以,不管在什么场合,只要有不认识的人给你喝饮料,给你烟抽,你都不要接受。

千奇百怪的骗术

现在骗子骗人、小偷偷东西有11招,叫"遮、割、抢、撞、钩、分、拎、换、色、麻、夹"。这11招都很歹毒。

乞丐要饭,也有"丐帮七技":怜、缠、吐、抢、横、帮、色。他们有的装可怜,有的行色相,其实大多也都是骗人的。这七技里面,"吐"最厉害。你正在那儿吃着面条呢,他"啪"地一口吐到你的盘子里,这面条你就不能吃了,剩下的就归他了。

那么我们怎样对付乞丐的这些招数呢?也有这么几个字:躲、起、辨、跑、聋、少。

你要真看到乞讨的,先辨别一下他是不是骗子,你能给他点钱就给他一点,如果不能给,看他过来了就起身走到别处躲一躲。最后一个字"少"是什么意思呢?就是在不能辨别他的身份的时候,少给他几块钱,既尽了义务,又不会被他骗。

本课小结

- 遇到可怜的女骗子，如果不对自己构成威胁，可以感化她，可以少量地给她点钱，让她相信世界上有真善美。遇到抱着婴儿乞讨的女人，多数都是拐卖儿童的坏人，你要马上报警。

- 遇到坑害你的小人，第一次可以宽恕，但是他不断地侵害你，你要坚决反击。记住，小人很可能会要你的命，绝不向小人屈服，绝不对小人抱有幻想。

- 如果遇到杀人不眨眼的罪犯，要和他坚决斗争，但是要注意方式方法，生命第一财产第二，要和他斗智斗勇。

第十二课

找准你的生门和死穴
——黑旋风大战浪里白条

黑旋风在地上跑,
浪里白条水中漂,
博弈秘诀很简单,
生门死穴要记牢。

大伟说《水浒》

黑旋风 PK 浪里白条

有一天,宋江带着李逵、戴宗来到浔阳江边的琵琶亭酒吧喝酒,三人坐下后,点了两瓶江州名酒玉壶春酒,就一边喝酒,一边欣赏江景。

三个人正喝得高兴,李逵对店家说:"光有好酒还不行,你得给我弄点好鱼啊,我大哥喜欢喝辣鱼汤,你用鲜鱼给我们做一碗来。"店家说:"哟,对不起,我这店里只有昨晚的腌鱼,鲜鱼还真没有。现在还没有到卖鱼的时候呐,您看那边,鱼是都打上来了,但是打鱼人的老大没来,他们都在那等着,不敢卖呢。"李逵说:"我多给钱还不行吗?"店家说:"多给钱也不行。"

李逵就急了,自己跑到渔船边,对打鱼人说:"拿两尾鱼给我。"打鱼人说:"我不能卖给你,我们这儿有规矩,我们鱼行里最大的人叫鱼头,得等着他到了,我们才能够开舱卖鱼。"李逵听他这么说,就自己跳到船上,一下子掀开了船上的竹篱笆。这渔船设计巧妙,船尾有一个大孔,江水能够进入,然后用竹篱笆拦起来,在里面养鱼,鱼就全靠这江水保鲜。李逵这么一掀,鱼都跑了,他一条也没有抢到,于是他又跳到另一只船上去掀竹篱笆。这时候,几十个打鱼人都纷纷用竹篙打李逵,李逵气得七窍生烟,正要骂街打人的时候,小路上来了一个人,打鱼人一看,全都围上去,对这个人说:"主人,您终于来了,黑大汉在这个地方抢鱼,把鱼都放跑了。"

来人正是浪里白条张顺，他一听这个情况，对李逵说："你小子是不是吃了熊心豹子胆啊，敢来这里搅和老爷我的生意！"说完，就和李逵打起来了。李逵是个一等一的高手，浪里白条不是他的对手，刚一交手，李逵就把张顺摁在河边一顿猛打。张顺本来是想给自己的下属讨个公道，没想到被李逵按在地上一顿痛打。

　　这时候，戴宗过来叫住李逵，让他不要闹事，李逵就罢了手，准备和宋江、戴宗离开此地。刚走几步，就听见背后有人骂："黑老鬼，我今天要和你一分高下！"李逵回头一看，只见张顺在江边撑着一只渔船，正对着自己骂："千刀万剐的黑老鬼，老爷怕你不算好汉，走的不算好汉。"李逵大怒，吼道："你要是好汉，你就上岸来，我们再打！"张顺把手中的竹篙一拨，将船划了过来，说："你要是好汉，你就上船来。"李逵没多想，一下跳上船去，刚一上船，张顺就把竹篙一拨，船就"箭也似投江心里去了"。

　　这时候，张顺一下子扑上来，和李逵扭打起来，没几下，船就翻了，两人都滚到了水里。李逵虽然也会游泳，但是他绝不是张顺的对手，只见张顺把李逵按在水里，猛灌他喝江水，而李逵只有挣扎的份，所有的本事都使不上了。

　　宋江和戴宗在岸边一看，说："坏了，李逵今天可能要死啊。"于是赶紧向旁人打听这个人是谁。一问得知是张顺，宋江说："哎呀，原来是张顺，我和他哥张棋是好朋友，你们赶紧去和他说说，让他别打了，大家都是朋友。"

　　就这样，张顺才把李逵给放了，不仅放了李逵，还向他认了错："大哥，我有眼不识泰山，刚才对您多有得罪，请原谅。"

第十二课　找准你的生门和死穴——黑旋风大战浪里白条

扬长避短，越走越宽

生活中有两类人。第一类是黑旋风型的人，处处张扬，做事冲动，主动出击，不计后果；第二类是浪里白条型的人，谋定而后动，扬长避短，静观待变，后发制人。

有这么一句话，叫"尺有所短，寸有所长"，这一真理在黑旋风李逵和浪里白条张顺两个人的斗争中，体现得最为真切。李逵是岸上的英雄，张顺是水里的英雄。张顺的处世哲学是"你打你的，我打我的，打得赢就打，打不赢就走"，他在和李逵的斗争过程中，脑子很清楚，他想："我得审时度势，我一开始让他打了一顿，我打不过他。但是每个人都有生门死穴，李逵的生门是在岸上行，可是他的死穴是在水里不行，我的生门是在水里行，可是我的死穴是在岸上不行。"有了这样一番分析，张顺就制定出了新的战略战术，扬长避短，最终反败为胜。

大伟忠告

> 谋定而后动，扬长避短，静观待变，后发制人。这样的人往往能取得成功。

我们在生活中，有的时候也会遇到失败，有可能是做买卖失败，也有可能是为人处事失败。可你有没有想过，你的生门是什么？你的死穴又是什么？

什么叫生门呢？就是自己的长处、得意之处、擅长的东西。比如说我写字写得好、我算术算得好、我学习学得好，这就是我的生门；有很多女孩长得很漂亮，这也是生门。

死穴是什么？死穴就是自己的短处、要害。比如说可能我长得不好看，可能我有疾病，这就是我的死穴。

"尺有所短，寸有所长。"你有短处就必然有长处，人生博弈的秘诀就是扬长避短。每个人都有生门，都有死穴，我们要想在社会上很好地处事，就要想想自己的生门是什么，死穴是什么，尤其是当你处于生死攸关的时刻，你的生门和死穴往往会起到最关键的作用。

一个女司机开出租车，天快黑了，没拉着活。这时候远处走来一个小伙子，戴着一副金丝眼镜，长得很干净。小伙子没多说话，只是叫司机把他送到郊区的某某县。北京出租行有个规矩，不能够去远郊区县。可是这个女司机一天都没拉到活，而且她看这个小伙子长得文文静静的，像个大学生，就让他上了车。

开着开着，女司机突然觉得有点不对劲，第一，正常人上了车会跟司机聊天，可是这个小伙子上了车一句话不说；第二，正常人上车一般都会坐在后排座右边这个位置，可是这个小伙子一上车就坐到左边这个位置，也就是女司机的正后方，这样，女司机根本看不见他在干什么。

大约开了一个小时，天有些黑了，这时候这个小伙子在后边低声说了一句话，顿时吓得这个女司机毛骨悚然。他说："停车，我要撒尿。"这是出租行的黑话，就是要杀人了，只要女司机一停车，这个小伙子就要动手了。

就在女司机吓得魂飞魄散的这一刻，小伙子一下子用绳子把她的脖子套住了，一手拽着绳子，一手从腰间拿出一把刀顶在她的肋骨上，然后自己慢慢挪到了副驾驶的座位上。女司机把车停下来，她想："我肯定打不过这个小伙子，他还有刀啊，怎么办呢？哦，对了，我从小学开始就是我们学校话剧团的演员，我别的本事没有，演话剧的本事倒是有的。"于是，

她突然做了一个谁都意想不到的动作,她一下子抱住了这个小伙子,说:"小哥你干吗呀?是不是想要我这辆车?这车不是我的,是我们老板的。我实话告诉你吧,你刚才一上来,我就觉得你长得不错,我老公三年前就跟别人跑了,这样吧,咱俩把这车卖了,我跟你私奔,你看如何?"

小伙子一听,把刀放了下来,说:"可以啊大姐,那我可是财色兼收了。"这个时候女司机看见远处有一个人骑着自行车过来了,她就想:"这个骑自行车的要是警察,今天我就百分之百得救了,如果骑自行车这人要是一个农村小伙子也行,千万别来一个老头。"等那人骑到近处,看见有一辆出租车停在这里,就停下来趴在窗户上往里看,这个姑娘一看,来人正好是个老头,于是她马上又灵机一动,对那个老头说:"看什么看,谈恋爱没看过啊!"老头碰了一鼻子灰,骑上自行车就走了。

然后两个人开着车上了高速公路。第一辆超过她的车是一辆出租车,女司机想:"这个司机应该愿意救我,但是他打不过人家。"遇到的第二辆是长途拉煤的车,女司机想:"这种人都是疲劳驾驶,这个时候他未必有精神和歹徒搏斗。"第三辆是一辆卖水果的车,车上坐着6个小伙子,女司机一看,觉得这下自己有得救的希望了,她就猛地一打方向盘,把车横在卖水果的车的前面,卖水果的车一刹车,大家还以为是出了车祸,车上6个小伙子提着木棍,上来就要打这个女司机。这时候,女司机说:"赶快救我,车上有劫匪。"这样,最终把劫匪抓住了。

所以,大家看,生门死穴在人的一生中是很重要的。女司机先分析了自己的死穴——打不过歹徒,又想到了自己的生门——会演话剧,然后做出了正确的选择——假意欺骗歹徒,再找机会自救。

之后，她看到老头没有马上呼救，而在高速公路上，也是分析了遇到的每个司机的特点，才抓住最合适的时机求救。这都是非常正确的，如果她像李逵那样冲动，一上来就反抗，多半会性命不保。由此看出，她是一个"浪里白条型"的人，遇事冷静，善于分析，因为她的机智，她才最终脱离了危险，保住了性命。因此，有空的时候，你也要自己列个表，看看你的死穴是什么，你的生门是什么，想想你的生门在关键时刻能起什么作用，想想当你遇到生死攸关的问题的时候，你是敌进我进、仓促应战呢，还是敌进我退、寻找破绽呢？是分析敌我、扬长避短呢，还是果断处理、绝不留情呢？

大伟忠告

成功的人总是充分发挥了生门的潜力，失败者往往把自己的死穴暴露给别人。

正确看待生门和死穴

鹿的骄傲之处是它的角，公鹿的角都很漂亮，但是鹿往往也是因为这美丽的角而丧命——人要猎杀它，要锯它的角。象的骄傲之处是牙，象牙是很漂亮的，而大象也往往死于牙上。

鹿的角，象的牙，都是很美丽的东西，也能算是两者的长处了，可它们却偏偏因此而死。由此可见，美好的事物并非都是生门，多数情况下，这些事物往往会成为坏人侵害你的根源，是你的死穴。比如说，一个女孩很漂亮，固然是好事，但很多被侵害的女孩，很多走上犯罪道路的女孩，都是年轻漂亮的女孩。

我当了这么多年警察，监狱没少看。女子监狱里的犯人都很年轻，有的还很漂亮，可很多都是杀人犯。这是为什么呢？

正如前面所说的，在杀人案件里，动机排序第一位的是婚恋纠纷，因情而杀。年轻漂亮的女孩最容易卷入婚恋纠纷中，因为她们的美貌让她们周围出现了很多诱惑，导致她们一步一步走上错误的道路。在这种情况下，年轻、美貌并非她们的生门，而是死穴。

相反，女人往往都很弱小，不容易引起男人的警惕心，而正因为男人在思想上的松懈，就给了女人杀害自己的机会。女人杀人，很多都是投毒，因为明着斗不过强大的对方，就只能暗地里下毒。比如潘金莲毒杀武大郎，就是投毒。在这种情况下，看似是死穴的弱小反而成了女人的生门。

所以，我们一定要正确看待自己的生门和死穴，一定要仔细地分析判断自己身上过强和过弱的方面，千万不要被表面现象所迷惑。

大伟忠告

> 猪往前拱，鸡往后刨。认清自己的生门与死穴。

以平常心面对胜败

张顺在和李逵的斗争中，他是有智有勇有节的。

首先，如果张顺一开始被李逵打怕了，不再战了，那他就永世不得翻身了，但他敢于再战。

其次，假如张顺失败了一次，依然蛮干，而不去总结经验教训，那会遭受更大的失败。

最后，假如张顺打胜李逵了，居功自傲，不和李逵团结共存，最终也会因为不会做人而招来杀身之祸。

所以，张顺的成功秘诀就在于，遇到强敌敢打敢冲，失败之后认真总结经验，认真分析敌我的长处和短处，胜利之后不记仇，团结同志。

　　张顺反败为胜的故事也告诉我们，遇到任何事情都要谋定而后动，静观待变，后发制人，只有认清自己的生门和死穴，才能够扬长避短，这样路才能越走越宽，事情才能越做越成功。

❀ 本课小结 ❀

● "尺有所短，寸有所长。"人生博弈的秘诀就是扬长避短，我们要想在社会上很好地处事，就要想想自己的生门是什么，死穴是什么，走生门则生，走死穴则死。

● 遇到任何事情都要谋定而后动，静观待变，后发制人，只有认清自己的生门和死穴，才能够扬长避短，这样路才能越走越宽，事情才能越做越成功。

第十三课

平安的人生需要做好预案
—— 宋公明三打祝家庄

百战百胜不是命,
自信敢打才必胜,
情报先行暗调查,
三次失败必成功。

人生会经历很多失败,有的人考研,考了三年没考上;有的人评教授,评了三年没评上;有的人谈恋爱,谈了三回都失败。那么,在这种情况下该怎么办呢?有没有少走弯路的捷径,或者百战百胜的秘诀呢?

毛主席也读《水浒》,不仅读《水浒》,还把里边的故事用到了自己革命战争的实践中。他对"三打祝家庄"的故事了然于胸,在他的《矛盾论》里,有这么一句话:"《水浒》宋江三打祝家庄,两次都是因为情况不明、方法不对,打了败仗,后来改变了方法,从调查研究入手,于是熟悉了盘陀路,拆散了李家庄、扈家庄和祝家庄三个庄的联盟,并且布置了藏在敌人营盘的伏兵,用了和外国故事中所说的木马计相似的方法,第三次就打了胜仗。"

《水浒》里面的"三打祝家庄"是一个很典型的故事,它对我们如何应对生活中遇到的失败,也有很好的启发和借鉴作用。

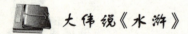

三庄联盟

在梁山泊附近的独龙冈上有三大家族,分别是祝家庄、扈家庄和李家庄,这三大家族以祝家庄为首,结成了三庄联盟,总共有一二万人马。

为首的祝家庄,庄主叫祝朝奉,他有三个儿子,大儿子祝龙,二儿子祝虎,小儿子祝彪,人称"祝氏三杰",庄里还有一个武术老师,叫"铁棒"栾廷玉,也是一个高手。此外,庄里还住着一两千功夫了得的庄客。西边的扈家庄,庄主扈太公有一双儿女,儿子叫"飞天虎"扈成,功夫十分了得,女儿叫

"一丈青"扈三娘，更是了不起，用的兵器是日月双刀，尤其擅长马上作战。东边的李家庄，庄主叫李应，也是个功夫高手。这三个庄害怕梁山泊的好汉来借粮食，所以才结成联盟，进可攻，退可守，庄里机关重重，一般人进去了，如果没有庄里的人带路，准会迷路。

相互防护的邻里守望制度

这三个庄子结成了攻守同盟，村子里到处都是巡逻的治安员、侦查队，你只要一进这个村子，马上就会有人知道。在西方这叫"邻里守望制度（neighborhood watch）"，是非常好的一个制度。

为什么这么说呢？举个例子，假如我买了一个笔记本电脑，刚一到家，警察就到我家敲门来了，说："大伟呀，听说你买了一个笔记本电脑，是吗？"我说："是的。"于是警察把电脑翻过来，在后边刻上"王大伟，100038"——我的名字和邮编，这样小偷就不偷了，因为他卖不了，销不了赃。之后，警察在我家窗户上贴一个不干胶标志牌，上面有个标题，是"邻里守望"，下面有两句话："你已经进入邻里守望。""我们家所有的财产都刻着字，别到我们家偷了。"

你看，有了这个制度，警察对家家户户的情况都了如指掌，一旦有坏人想干点坏事，都绝对逃不过他们的眼睛。

风水不完全是迷信

我在英国念书的时候，有一次去参观莎士比亚的故乡，我的导师指着墙上的英文单词"FONGSHUEI"，问我认不认识，我说我不认识，他说你念一念试试，我一念笑了，原来这就是英文中"风水"

的拼法。莎士比亚的故乡墙上刻着"风水"两个字,说明这两个字在好几百年前就流传到了莎士比亚的故乡。

现在有人说风水是迷信。那么,风水到底是不是迷信呢?我认为风水里固然有迷信的成分,但是里边也有科学的成分,叫"设计抵御犯罪",这是西方预防犯罪最有效的途径。

你去过紫禁城吗?紫禁城是风水设计的典范,可谓"上有青龙,下有白虎,左有朱雀,右有玄武",南面的护城河不仅为皇城的景致增添了一湾活水,更重要的是,皇城内的房屋几乎都是木质建筑,一旦着火,这河就成了消防灭火的最佳水源。北面的万寿山除了起到景色点缀的作用外,更重要的是可以鸟瞰紫禁城,起到警戒瞭望的作用。此外,不知道你注意过没有,在紫禁城中,三大殿以南几乎没有绿色植物,古语有云:"可以食无肉,不可居无竹。"难道真是皇城的设计者疏忽了吗?不是。为了防止刺客,让他在一片开阔的地方找不到藏身之所,所以绝不种树。

英美等西方国家也曾做过实验,他们在小镇和城市用不同的建筑设计、不同的门窗、不同的庭院,来达到减少犯罪,促进安全的目的。

《水浒》中的三庄联盟防御工事的设计思想,实际上也是一种设计抵御犯罪的思想。而这个防御工事——盘陀路,也让梁山泊的英雄好汉们在攻打祝家庄时吃尽了苦头。

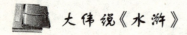

两战失利

时迁偷了祝家庄的一只鸡,被祝家庄的人抓了,他的好朋友石秀和杨雄去救他,又被对方打败了。宋江认为,第一,时迁偷鸡被抓，败坏了梁山泊的名誉，石秀、杨雄两个人战败，重挫了梁山泊的锐气；第二，祝家庄早就和梁山泊为敌了；第三，祝家庄有很多粮食，如果打败了祝家庄，可以得到很多很多的粮食；第四，李家庄的李应是个英雄，他因为劝说祝家庄庄主放了时迁，差点被对方一箭射死，如果战胜了祝家庄，可以为李应报一箭之仇，劝他上梁山。所以，宋江下了决心，要攻打祝家庄。

宋江派了两个纵队，十几员战将，一共六千人马，朝祝家庄进发。到了庄外几百米的独龙冈，宋江对花荣说："听说祝家庄里地形复杂，我们先派两个人去探探路，然后再攻进去。"李逵说："就这么个小山庄，哪要这么费劲啊！大哥您给我三百人，我就能把祝家庄剿灭了。这还不跟打死几只苍蝇一样容易嘛。"宋江骂道："你别胡说！"然后派了石秀和杨林去探路，大军就在原地等候。

石秀和杨林分两路各自去打探。石秀走到村里碰到一个老头，一看见这个老头，石秀就趴在地上给老头磕头，边哭边说："老大爷您赶快救救我。"老头问："你怎么了？"石秀说："我是一个小本贩卖的生意人，我折了本要回家，正赶上打仗了，我迷迷糊糊进了这个村子，却走不出去了，这儿到处都是暗道机关，您能不能给我指一条生路啊？"

那个老头说："你不要害怕，我告诉你这个秘密，你不要告诉别人，这里边到处都是暗道机关，你只要往前走，记住了，只要往前走，看到这个村口，这个道旁边如果有白杨树，你就走，那就是生路；如果这个道口没有白杨树，这就是死路。这是我们祝家庄多年准备的防御工事，我们这儿有这么一句话，叫：'好个祝家庄，尽是盘陀路，容易入得来，只是出不去。'所以你就记着，只要见到白杨树就是生路，没有白杨树，前面

第十三课 平安的人生需要做好预案——宋公明三打祝家庄

《水浒》人生手册

一定是死路，死路的地下都是挖着一个一个坑，里边插着尖桩，你要掉进去就必死无疑。"石秀打探到了消息，可杨林却被抓了。

到了晚上，宋江见他俩还没回来，就又派了一个小弟去打探消息，不一会儿，小弟就回来了，对宋江说："我刚到了村口，听里面的人说抓了个奸细，我看里面的路太复杂，不敢进去，就赶紧回来报信了。"宋江一听，说："糟了，石秀和杨林肯定被抓了，我们不等了，现在就杀进去救他们。"说完就下令进攻。

大队人马来到庄前，却发现门口的吊桥已经收起来了，庄里安安静静的，一个人也没有。宋江心中一阵嘀咕，突然想起了什么，说："哎呀，我犯了临敌急躁的错误，我只是一心想救两个兄弟，才带兵连夜进攻，现在看不见敌人，肯定有阴谋，我们快点撤退。"话音刚落，埋伏在四周的祝家庄的人就杀出来了，他们堵住了宋江大军来时的路，直把宋江等人往盘陀路上逼。

正在危急关头，石秀出现了，他对宋江说："大哥，快跟我走，前面的路我都打探到了。"这才领着一帮人冲出了重围。

宋江回去之后，整顿了一下人马，又发起了第二次攻打祝家庄的战役。这一次，他刚带人来到独龙冈前，就看见祝家庄竖着两面白旗，上面写着："填平水泊擒晁盖，踏破梁山捉宋江。"宋江大怒，发誓说："我要攻不下祝家庄，就永远不回梁山泊。"于是，又在不知敌情的情况下攻了上去，最后还是以失败告终。

认清犯罪高发的时间和地点

两次打祝家庄失败的原因，一是轻敌，二是没有情报。

先看兵力对比，一打祝家庄的时候，宋江这边是六七千人，可是祝家庄呢，三庄联盟一共有一两万户人，相当于五六万的民兵，五六万和六七千，兵力如此悬殊，宋江能是祝家庄的对手吗？

再看情报方面，宋江他们还没得到确切的情报，就鲁莽进攻，犯了兵家大忌，但是祝家庄却是做好了一切准备来应战的，所以第一战宋江必输无疑。二打祝家庄，宋江又犯了"因怒兴兵"的错误，他看到祝家庄打出的标语，就在不知敌情的情况下贸然攻打，结果大败。两次战役的失败，原因均在于情报不准，发人深省。

《孙子兵法》中说："知己知彼，百战不殆。"就是在强调情报的重要性。你知道现在对警察而言，最重要的是什么？就是情报导向警务，情报对于警察而言是非常重要的。

2006年8月10日的早晨，英国的一个机场来了很多警察，他们把这个机场包围了。因为他们得到情报，恐怖分子会化装成一家三口——爸爸妈妈领着两岁的孩子，然后在奶瓶里放上液体炸弹，企图炸毁从英国飞往美国的10架民航客机。这10架飞机每一架都能装载300人，要是飞到大西洋上空一爆炸，这3000人就要葬身在大西洋里，如果飞机从大西洋飞到美国上空再爆炸，落下的飞机残骸将撞击美国的建筑物，死的人就更多了，真是一场比9·11还要严重的阴谋。

由于当地警察事先从巴基斯坦的情报部门得到了这个情报，才能及时出动，把策划参与这场阴谋的28个恐怖主义分子都抓了起来，制止了悲剧的发生。

从上面这个案例可以看出,情报是非常重要的。你可能会说:"我又不是警察,我要情报做什么?"实际上,人生也需要情报。

比如说,我们平时在防御被犯罪侵害的时候,就需要有情报。我们在搜集情报的时候,有这么几个注意事项,一是要多多搜集情报,知道最近又发生了什么犯罪事件,又出现了哪些新的作案手段和骗人的方法;二是要会分析解读这些情报,会画两张图:案件高发的时间图和空间图。

我爸爸是专门研究食道癌的医生,他有一张中国地图,每次发现一例食道癌患者,他都会在地图上把这个患者所在的省市做个标记。最后他发现,河南林县和山东胶东沿海的食道癌患者较多,经过进一步的查证,他找到了原因——河南林县吃酸菜多,山东胶东沿海吃咸鱼多。

后来,我把我爸爸的这个方法延伸运用在了警务工作上,做出了犯罪空间地图和犯罪时间地图,有了这个依据,做警务工作时,就可以很好地预防犯罪了。

关于时间,前面有一首歌谣提到过,三月三是较为平安的日子,四月五月的时候,各种犯罪行为就时有发生了,夏天是强奸案的高发时节,冬天则是抢窃案的高发时节。

这是我们根据犯罪日历总结出来的犯罪规律。它提到一年有三次犯罪高峰,我们把这个时间的规律摸出来,就是情报。

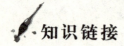 知识链接

犯罪月历

1月警示:一月本是绿色月,外出乘车防扒盗,节日外出带好娃,预防诈骗要警觉。

2月警示：二月新春较平安，年前早把欠债还，庙会灯节少向前，儿孙不教离身边。

3月警示：春暖花开三月三，防止火灾记心间，春雷一声害虫醒，各类案件向上翻。

4~7月警示：初夏外出保平安，各类案件往上蹿，老板谨防抢与骗，女孩警惕色与奸。

8月警示：八月慎防性侵犯，暴露衣裙应少穿，盛夏之夜危险大，观念预防记心间。

9~10月警示：秋风刮气不平安，侵财侵人双发案，强暴风波才下去，盗窃高峰又出现。

11~12月警示：年底侵财到峰巅，外出尽量少带钱，手护提包防"两抢"，与人交往防诈骗。

同时，你要知道什么地方容易发生犯罪事件，比如前面讲过的脏乱差的旅馆，你还要知道坏人活动最频繁的地方不是荒郊野外，而是我们最熟悉的地方，比如上班、上学的路上、小区附近等。知道了这些，你就能够有针对性地做好防范预案，很好地保护自己了。

大伟忠告

准确的情报，正确的预案，一个都不能少。

如何做好安全预案？

掌握了情报，就要充分运用情报做出正确的预案，这样才能体现出情报的价值，才能指导之后的行动。

艾克勒姆5步法

艾克勒姆是现在警察界流行的情报导向理论鼻祖,他于1988年创立了做预案的5步法。我以学校安全预案为例,讲一讲怎么实现这5个步骤。

1. 收集信息

信息收集得越多越好,比如我们学校什么时候发生了什么案件,什么地点发生了什么案件,从建校到现在发生了多少案件,都是什么案件,等等。《孙子兵法》上说:"夫未战而庙算胜者,得算多也,未战而庙算不胜者,得算少也。少算不胜,而况于无算乎!吾以此观之,胜负见矣。""知彼知己,百战不殆;知天知地,胜乃可全。"说的都是同一个道理。

对学校来说,应该配备专门的信息收集人员,信息越丰富越好,这是制定预案的基础。

2. 分析解读信息

信息分析解读的基本方法有两种:空间标图法和时间标图法。

先说空间标图法。首先绘制一张学校的地图,然后找几张同样大小的胶片,把这些胶片分别覆盖在地图上,分门别类地在胶片上描述各类犯罪,最后把这几张胶片重叠起来,就可以得到一张可以反映学校各类犯罪情况的地图了。

再说时间标图法。比如我们对犯罪的时间按天编制,然后逐月统计,这样就能得到一个犯罪日历。有了这个日历,我们对各个时段的犯罪发生情况就能够一目了然了。比如一天之中,犯罪高发时段是晚上6点到次日的零点或1点;次高发时段则主要为白天上班时间,尤其是下午;后半夜则是各类案件的低发期,是犯罪较少、相对安全的时段,但发生在后半夜的恶性案件居多,以入室抢劫杀人为主,所以我们必须加以警惕,重点防范。有了这个分类,我们就能获得犯罪的时间分布图了。

3. 战略设计

中医开药有个规则，叫"君臣佐使"。这个词原指君主、臣僚、僚佐、使者四种人分别起着不同的作用，后指中药处方中各味药的不同作用。引申到做预案上，就是要针对不同场景做不同的战略设计。

战略设计包括两个方面，一是社会水平干涉，比如如何实现学校、家庭、市场的综合治理；二是情景水平干涉，也叫情景预防，就是不给犯罪分子犯罪的机会。

4. 贯彻实施

制定预案的第四步是贯彻实施。这个步骤包括以下几个部分：

◇ 制定规划——制定具体的对策和方法，作为指导行动的纲领。

◇ 提供设备——预案不是空头文件，而是要随时付诸实施，所以要配备必要的设备，比如安装探头、配备保安等等。

◇ 实施奖励——谁做得好，表现突出，就要给予奖励，充分调动大家的积极性。

◇ 解决经费——平安是财富，但平安是需要付出的，其中就包括必要的经费支出。

◇ 大力宣传——要使人人知道、人人重视、人人参与，这样才能保证校园的安全，保证预案在突发事件发生时能得到及时有效的贯彻与实施。

5. 科学评估

在评估的过程中要注意三点：

第一，要遵循外部评估的原则。从外部请人评估，才能保证所做的预案得到客观公正的评估结果。

第二，预留10%的评估经费。这是针对费用分配而言的，借助外部力量是需要费用的，在做预案的初期一定要把这部分费用计算

在里面,这样才算一个完整的预案设计方案。

第三,对预案的评估分为两部分,一个是程序评估,一个是结果评估。

宋江的预案

两次攻打祝家庄宋江都失败了,第三次怎么办呢?我认为,如果我是宋江,我就会做以下几步:

◇ 侦察为先。认真学习情报导向警务理论,画好祝家庄兵力分布图与军民联防图,标出白杨树的位置,画好进庄路线。

◇ 召开参谋长联席会议,认真讨论,制定预案。一旦出现突发事件,能够紧急应对。

◇ 向游击队总部发报,树立敢打必胜的信念。

◇ 分裂三庄联盟,化解一切不利因素。

◇ 召开"打击三庄联盟"全军誓师大会,克制急躁轻敌的思想。

◇ 选择敌人易麻痹的时间进攻,或在夜间战斗,速战速决。

只有这样做,第三次打祝家庄才能够成功。

大伟侃《水浒》

三打祝家庄——大胜

在第二次攻打祝家庄的战役中,梁山依然败了,连宋江自己差点都被对方捉住了。梁山的损失不小,秦明、邓飞、王英等几员大将都被对方俘虏了。但是梁山方面也略有新获,林冲活捉了一丈青扈三娘。这样一来,扈家庄就退出了战役;而之前祝彪射伤了李应,李家庄早已保持了中立。所以,三庄联盟就剩下祝家庄孤军作战了。

三打祝家庄，宋江使用了"特洛伊木马"之计，他组建了奇袭小分队，小分队的队长就是孙立。孙立可谓宋江的救星，他原来是登州兵马提辖，因为协助弟弟妻子的两个表弟越狱，被迫落草为寇，与弟弟孙新等人一起投奔了梁山。孙立一行人赶到梁山的时候，正是宋江二打祝家庄失败的时候。孙立与祝家庄教师爷栾廷玉是同门师兄弟，为了立功，他就利用这层关系，化装成登州地方军师长，以祝家庄军师老同学的身份骗取信任，打入敌人内部。栾廷玉虽然智谋过人、武艺高强，但想不到和自己从小一起长大的老同学会出卖自己，他并不知道孙立一伙在登州犯下了大案，已成逃犯。

而宋江这边也总结了前两次失利的教训，他把所有的情报汇总了一下，得出三条有利信息：

第一，打祝家庄时，不需提防东边，只要紧防西路。

第二，祝家庄前后有两座庄门，一座在独龙冈前，一座在独龙冈后。如果只打前门，没有什么用，如果前后夹攻，就能攻破防守。

第三，祝家庄前门路杂难认，到处都是盘陀路径，但有白杨树就可以转弯，那就是活路，如果没有白杨树，便是死路。

有了有利的情报，又有了孙立做内应，宋江终于取得了三打祝家庄的完胜。

人生百战百胜的秘诀

第三次攻打祝家庄的胜利，可以说是宋江在总结了经验教训之后，集中了优势兵力，制定了科学的规划，情报先行，卧底先行，在前两次失败的铺垫下才取得的。

人的一生，难免会有失败，但是失败不要紧，失败一次总结一次，事不过三，最终你一定会成功的。

有的人经常会问："为什么他老成功，我老失败？"你失败，就是你预案没做好，情报没做好，他老成功，就是他能够在每一次失败中总结经验和教训。

过去北京没有暖气，家家户户都生炉子，炉子上面烧一壶水。家里的小孩一碰炉子，壶水就打翻了，就把孩子的脑袋烫伤了。家长就想，怎样让孩子不碰这个炉子。于是就有人想了一个办法：把炉子烧红了，但是还不是特别烫的时候，把小孩的手猛地往那炉子上一碰，"刺啦"一下烫了手，这个小孩就一辈子都记住不去碰这个炉子了。

这种做法就叫尝试错误。我们做什么事情都不要怕失败，犯了错误也没关系。家长一定要记住，孩子犯了错误，不要一味责骂，只要我们正确引导，他的错误很有可能成为他将来成功的一个资本。

那么，人生有没有百战百胜的秘诀呢？有的。

◇ 两个"绝不"：绝不能轻敌，绝不能相信命运。面对任务，面对各种考试时，一定要记住这两个"绝不"。你看那些学习不好的孩子，大人说："你怎么还不复习？人家都复习呢。"他回答说："哎，没事，我这人命好。"这是"命"吗？绝不是，三打祝家庄的成功绝不是因为命好。

◇ 情报导向。比如对来考研究生的孩子，我一定会嘱咐他们："你要考我这个专业——中外警察比较，就一定要把这方面该读的书都买齐了，这样，不管考什么，都不会超出这些书上面的内容。"这就是情报。我还告诉他们，考试前一天到学校里转一转，看看在哪个教室考试，到里边坐一会儿，拿笔写一写锻炼锻炼，熟悉一下环境，这也是情报。要是这些基本情况你都摸不准，就会像宋江前两次攻打祝家庄一样失败。

◇ 不暴露主攻目标，长期打算，隐蔽作战。

◇ 树立信心，敢打必胜。

◇ 集中力量，杀鸡用牛刀，主攻一点，放弃其他。

◇ 全面准备，不成熟不发起攻击。

◇ 失败是成功之母，永不言弃，卷土重来。总结失败的经验教训，一点一点积累，为最终的成功打下基础。

只要你能做好这几点，坚持不懈地努力，不管你做什么事情，最终都会取得成功。

❀ 本课小结 ❀

● 风水里固然有迷信的成分，但是里边也有科学的成分，叫"设计抵御犯罪"，这是西方预防犯罪最有效的途径。

● 人生要有预案，成功的预案源自准确的情报，做好了这两点，你就成功了一大半。

● 做任何事情，都不要轻敌，不要相信命运，一定要做好情报工作，踏踏实实地一步一步按计划行事，哪怕失败了，也不要气馁，不轻易言弃，总结经验教训继续努力，只有这样，最终你才会获得成功。

《名家论坛》栏目介绍

《名家论坛》栏目自2002年开播以来,邀请数十位国内外精英人士登坛主讲,内容包括经济、管理、文化、养生和教育五类。《名家论坛》以名家独到的眼光,渊博的学识,精深的见解,敏锐的思维,深入浅出的表达形式,发人深思的深厚学理,铸就文化的殿堂、精神的家园。《名家论坛》联系实际,注重实用,追求恒远。

《名家论坛》系列光盘目录

编号	产品名称	定价	光盘数量	集数	主讲教授	教授简介
1	品牌财富	480	8	15	沈青	深圳金必德品牌营销传媒集团主席
2	企业变革	580	13	26	周建波	北京大学经济学院副教授
3	营销哲学	580	12	24	周建波	北京大学经济学院副教授
4	国际贸易	580	11	22	李左东	北京大学经济学院特聘教授
5	营销管理	580	11	22	周建波	北京大学经济学院副教授
6	质量经营	580	12	24	杨钢	克劳士比中国研究院总裁
7	人性管理	580	11	22	曾仕强	台湾交通大学教授
8	公司治理	580	11	22	黄俊立	北京大学企业家培训班主讲教授
9	职业生涯	580	8	24	程社明	清华大学特聘教授
10	数字管理	580	11	22	尤登弘	复旦大学EMBA特聘教授
11	东方智慧	580	11	22	张应杭	浙江大学教授
12	亲子关系	380	12	24	曾仕强	台湾交通大学教授
13	资源整合	580	12	24	林伟贤	实践家知识管理集团董事长
14	战略管理	580	12	24	莫少昆	新加坡博维管理咨询公司总裁
15	成本控制	580	12	24	邱明正	联合国开发计划署企业改革国际专家
16	孙子兵法	580	9	17	洪兵	中国孙子兵法研究会副会长
17	转型管理	580	8	16	林健安	著名的战略管理专家、高级咨询师
18	领导之道	580	7	13	高建华	中国惠普首席知识官
19	创意行销	580	12	24	林伟贤	实践家知识管理集团董事长
20	周易管理	580	11	22	张其成	中国易学与科学委员会理事长
21	情绪管理	580	12	24	曾仕强	台湾交通大学教授
22	国际商务	580	11	22	李左东	北京大学经济学院特聘教授
23	人与成本-个人篇	480	5	9		
24	人与成本-企业篇	480	5	9	尤登弘	复旦大学EMBA特聘教授
25	人与成本-社会篇	480	6	11		

26	黄帝内经——养生智慧(一)	580	9	18	曲黎敏	北京中医药大学副教授中医文化专家
27	中西实践家	580	13	26		13位国际专家,展示全新经济视界
28	人生与养生	680	10	20	朱鹤亭	国际养生学家
29	渠成 水自到(高级管理者的成功学)	680	11	21	吴瑜章	通家理论开创者,原沃尔沃集团全球副总裁(高级管理者的成功学)
30	突破企业融资的瓶颈	680	6	12	房西苑	北京大学国际法学士
31	儒墨道法与现代管理	680	12	24	周建波	北京大学经济学院副教授
32	经典营销三步曲	580	6	12	荆建林	清华大学MBA教授
33	中国经济解读	580	9	18	韩秀云	清华大学经济管理学院副教授
34	黄帝内经——养生智慧(二)	580	8	17	曲黎敏	北京中医药大学副教授中医文化专家
35	实战执行力	580	7	14	连云尧	实战型执行力专家
36	亚健康与养生	150	3	6	郝万山	北京中医药大学教授
37	从毛泽东领军之道看企业管理	580	10	20	李凯城	总参某研究所原副政委
38	中医体质养生	580	7	13	傅杰英	广州中医药大学教授
39	传统文化与现代领导艺术	580	7	14	赵玉平	北京邮电大学博士
40	金融海啸与我何干	580	8	16	韩秀云	清华大学经济管理学院副教授
41	四季养生之春季养生	580	7	14	朱鹤亭	国际养生学家
42	企业过冬方案	580	7	14	吕本富	中国科学院研究生院副院长
43	王金战育才方案——好成绩源于好方法	380	5	10	王金战	人大附中高级教师
44	王金战育才方案——稳定的心态是成功的基础	380	5	10	王金战	人大附中高级教师
45	四季养生之夏季养生	580	7	14	朱鹤亭	国际养生学家
46	国学精义之诸子百家	580	7	14	李里	四川师范大学副教授、青年国学学者
47	中国经济转型	580	7	14	李玲瑶	经济学博士、清华大学特聘教授
48	中医五脏养生	580	7	14	傅杰英	广州中医药大学教授
49	智慧女性的六项修炼	580	7	14	李玲瑶	清华大学特聘教授
50	九型人格	580	7	14	中原	北京德融达教育机构首席导师
51	实战执行力二	580	6	12	连云尧	实战型执行力专家
52	高效沟通十三招	580	7	14	鞠远华	人际沟通培训专家

53	道家秋冬养生	480	7	14	朱鹤亭	国际养生学家
54	内经精华版	120	3	6	曲黎敏	北京中医药大学副教授中医文化专家
55	育才方案精华版	180	3	6	王金战	人大附中高级教师
56	健康五字经	380	6	12	沈雁英	北京朝阳医院副院长
57	孔子的人生时教	580	7	14	赵玲玲	台湾辅仁大学哲学博士
58	说话就是生产力	580	7	14	孙路弘	营销及销售行为专家
59	家庭急救	580	10	20	马桂林	急救培训专家

《名家论坛》其他各部内容将于每天早间7:12—7:42、晚间20:30—21:00

在山东教育电视台（SDETV）陆续推出，欢迎收看！

联系人：张 方

电话:0531－82940088 13646413499

QQ:1226657651